Michaela Bonnkirch,
Petra Proßowsky

Kinderleichte Yoga-Übungen für alle Fächer

Praktische Materialien zur Förderung von Ruhe, Kraft und Konzentration im Unterricht

Die Autorinnen

Michaela Bonnkirch ist Grundschullehrerin im Landkreis München. Ihre Begeisterung gilt vor allem zwei Bereichen: Kunst und Yoga. Beides vermittelt sie in ihren Ganztagesklassen, in verschiedenen Kinderyogakursen sowie in Fortbildungen für Lehrkräfte.

Petra Proßowsky ist Grundschulpädagogin im Ruhestand und Referentin mit eigener Yogaschule bei Berlin. Außerdem ist sie Referentin bei verschiedenen Institutionen. Bereits seit 1990 hat sie Yoga-Elemente in ihren Grundschulunterricht integriert.

Einige Inhalte dieses Buches sind bereits unter dem Titel „Bewegung und Stille im Klassenzimmer" (ISBN 978-3-8344-3788-4) im Persen Verlag veröffentlicht worden.

Gedruckt auf umweltbewusst gefertigtem, chlorfrei gebleichtem und alterungsbeständigem Papier.

2. Auflage 2021

Grafik: Julia Flasche
Fotos: Michaela Bonnkirch
Satz: Satzpunkt Ursula Ewert GmbH, Bayreuth

ISBN: 978-3-403-23618-4

www.persen.de

Inhaltsverzeichnis

Vorwort

Mit diesem Unterrichtsband wende ich mich an alle Grundschullehrer, die die Balance von Anspannung und Entspannung in der täglichen, erlebnisreichen Arbeit mit Kindern finden wollen. Seit Jahren erprobte und bewährte Übungen sollen dabei helfen, den täglichen Anforderungen in der Grundschule gelassener zu begegnen. Die vorliegende Materialsammlung ist im Unterricht konkret und ohne großen materiellen und zeitlichen Aufwand direkt im Klassenzimmer umsetzbar. Sie beinhaltet Körperhaltungen (Yoga-Übungen), Stille-Übungen sowie Wahrnehmungsübungen kombiniert mit Lerninhalten des einzelnen Fächerkanons der Grundschule.

Seit 2007 nutze ich vielfältige Bewegungsübungen aus dem indischen Yoga, die ich mit Bildern kindgerecht umgesetzt habe. Kleine Entspannungsübungen für zwischendurch, Bewegungslieder sowie Erzählungen wurden von den Kindern stets gut im Unterricht angenommen. In mehreren Durchgängen in den Klassen 1/2 im Ganztagesunterricht habe ich versucht, Yoga als Ritual in verschiedenen Fächern einzubeziehen und erlebt, wie positiv sich dies auf das Schulleben und auch auf die Persönlichkeit eines Schülers übertragen kann.

Für die Umsetzung der Inhalte aus diesem Unterrichtsband sind keine Vorkenntnisse aus dem Bereich Yoga nötig, nur Mut, sich diesem Thema zu öffnen. Der Band enthält zahlreiche Fotos aus der Praxis, die die Ideen veranschaulichen, sowie Beschreibungen der Yoga-Positionen. Diese Beschreibungen stammen zum Teil von meiner Kollegin Petra Proßowsky. Sie sind meiner Meinung nach so gut verständlich, dass ich sie in dieses Buch übernommen habe.

Auch wenn unsere momentan sehr schnelllebende Zeit durch Bewegungsarmut von Schülern sowie fehlende Körperkoordination gekennzeichnet ist, bin ich der festen Überzeugung, dass Kinder sich sehr gerne bewegen wollen. Nur die Gegebenheiten wie Medienkonsum bis hin zum Freizeitstress haben sich verändert. Der natürliche Bewegungsdrang der Kinder kann durch die Übungen in diesem Unterrichtsband auf sinnvolle Weise und körperfreundliche Art stattfinden. Dadurch können sich die vom schulischen Leistungsdruck und vom allgemeinen Belastungsdruck geprägten Schüler von äußeren Reizen lösen, Ruhe und Ausgeglichenheit genießen sowie spielerisch Konzentration und Durchhaltevermögen bei Aufgaben erfahren.

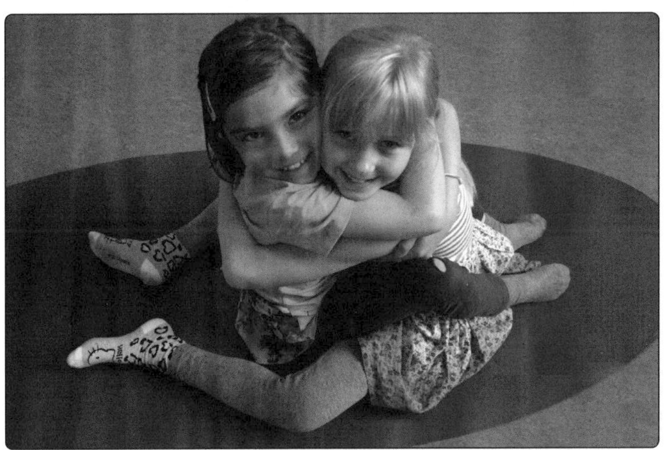

Gerade der Alltag sowohl in der Regelschule als auch in offenen und gebundenen Ganztagesschulen, die immer mehr entstehen, erfordert ein klares Rhythmisierungskonzept. Ich finde, dass das Lernen durch vielfältige Bewegungsangebote und Entspannungsphasen aufgelockert werden sollte. Körper und Geist müssen in einen harmonischen Rhythmus gebracht werden. Denn nur so können Kinder gesund und erfolgreich lernen.

Der kompetenzorientierte Lehrplan steckt voller Lerninhalte und fordert selbstständiges und entdeckendes Lernen. Wir müssen also einen Weg finden, dass Kinder trotz Lernstress und Leistungsdruck gerne in die Schule gehen, um so erfolgreich die Schullaufbahn zu meistern – und ein Teil dieses Weges kann Yoga sein. Yoga sollte jedoch nicht als einmalige Übung genutzt, sondern als fester Bestandteil und als Ritual im grundlegenden Unterricht der Grundschule gesehen und umgesetzt werden.

Mir ist bewusst, dass in vielen Köpfen noch der Gedanke schwirrt, dass Yoga „ein Bein hinter dem Kopf schlingen" bedeutet oder als „esoterisches Etwas" verankert ist. Yoga ist auch keine Religion oder verlangt auch keine bestimmte religiöse Ausrichtung! Dieser Unterrichtsband soll den Lesern eine Möglichkeit bieten, dem ganzen Lern- und Leistungsstress entgegenzuwirken, indem durch Achtsamkeit auf den eigenen Körper, die Seele und den Geist eine gute Lernatmosphäre geschaffen und gleichzeitig motorischen Defiziten entgegengewirkt wird. Yoga soll eine Bereicherung für das persönliche

Wohlbefinden von Kindern und von Lehrern sein, wobei Yoga als Insel empfunden werden darf, die für den Alltag in der Schule und im späteren Leben stark macht.

Ich wünsche Ihnen viel Spaß mit Yoga in Ihrem Unterricht,

Ihre

Michaela Bonnkirch

Danksagung

Mein Dank gilt den 24 Kindern meiner Ganztagesklasse 2c des Schuljahres 2014/2015, die auf den Fotos in diesem Buch zu sehen sind.

Außerdem geht mein Dank an meine Yogalehrerinnen Susanne Eichinger, Johanna Piglas, Christine Langer, Sina Heutelbeck und Sakina C. Liebich für die aufmunternden Worte und Ideen, die ich durch ihre Yogastunden immer wieder erhalten habe.

1. Vorüberlegungen zum Thema

1.1 Was ist Yoga?

Die folgenden Informationen sollen Ihnen helfen, sich ein kleines Grundwissen über Yoga anzueignen. Das Wort „Yoga" kommt von der Sanskrit-Wurzel „yui" und wird mit „zusammenführen, vereinigen" übersetzt. Sanskrit war die altindische Hochsprache, in der auch die Yoga-Wissenschaften entwickelt wurden. Wichtig finde ich die Vorstellung, dass alle Dinge zusammenhängen. In diesem Sinn wird alles Existierende als „Verbindung" verstanden. Es gibt unzählig viele Definitionen, was „Yoga" ist. Eine für mich stimmige Definition ist folgende, die ich so auch Grundschulkindern mit Bildern zu vermitteln versuche:

„Yoga ist eine Art zu leben, ein umfassendes System, um Körper, Seele und Geist zu schulen."

Ich erzähle den Kindern zudem folgende kleine Geschichte, die ich während meiner Ausbildung zur Kinderyogalehrerin kennengelernt habe.

„Vor Tausenden von Jahren haben Menschen in Indien entdeckt, dass sie durch bestimmte Positionen, Übungsabfolgen und Atemtechniken ein besseres Gespür für sich selbst bekommen konnten. Ihr Körper wurde beweglicher und entspannter. All diese Bewegungen halfen ihnen, „im Einklang" zu sein, sich wohlzufühlen. Die Menschen nannten diese Einheit „Verbindung", in ihrer Sprache Sanskrit heißt das „Yoga"."

1.2 Acht Stufen nach Patanjali

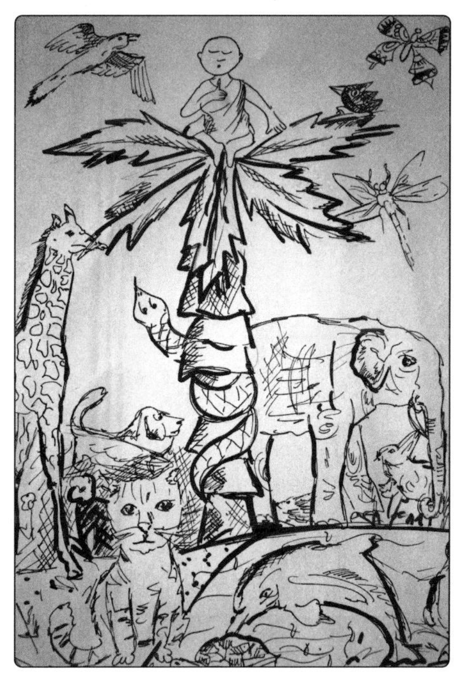

Yoga hat mit unserem Handeln zu tun: Wir sollten so leben, dass unsere Aufmerksamkeit auf die Handlung gerichtet ist, die wir gerade ausüben. Ich finde es wichtig, dass Lehrkräfte einen groben Überblick über diese Reihe von Lebensrichtungen **(acht Stufen)**, die der indische Gelehrte Patanjali notiert hat, erhalten. In den **beiden ersten Stufen** des achtgliedrigen Yoga-Pfades finden sich die ethischen Verhaltensweisen wieder, die die Grundlage des Yoga sind. Die **dritte und vierte Stufe** setzen sich mit körperlichen Techniken auseinander, die **fünfte bis siebte Stufe** zielen auf geistige Aspekte und die **letzte, achte Stufe** ist das absolute Eins-Sein mit sich selbst und der Schöpfung als höchstes Ziel.

Der indische Yoga-Meister B.K.S. Iyengar vergleicht diese acht Aspekte des Yoga-Weges mit den voneinander abhängigen Teilen eines Baumes: Wurzeln, Stamm, Äste, Blätter, Rinde, Saft, Blüte und Früchte. Ein schönes Bild, das ich auch Kindern so vermittle.

Für Kinder habe ich den achtgliedrigen Pfad mit einfachen Worten verständlich notiert:

1. Stufe, *Yama:* Yama ist das Gebot, dass man keinem Lebewesen Schaden zufügt – nicht durch Worte, Taten und Gedanken. Auch Neid, Gier oder Diebstahl von Gegenständen gehören zu diesem Verbot.

2. Stufe, *Niyama:* Damit ist die Körperpflege gemeint: sich die Haare zu waschen, zu duschen und sich zu pflegen. Aber auch die innere Pflege ist gemeint: sich gesund zu ernähren, zufrieden zu sein, Sport zu treiben, …

3. Stufe, *Asanas:* Körperhaltungen und Übungen, um gelenkig und beweglich zu sein.

4. Stufe, *Pranayama:* Atemübungen, um bewusst die Lebensenergie, die sogenannte Prana, zu spüren.

5. Stufe, *Pratyhara:* Zurückziehen der Sinne, einfach Ruhe genießen ohne Medien wie Radio, Internet, Fernsehen etc.

6. Stufe, *Dharana:* Durch Entspannungsübungen erfährt man die innere Ruhe.

7. Stufe, *Dhyana:* Meditation – die Gedanken versinken völlig.

8. Stufe, *Samadhi:* Das ist das Ziel des Weges: Man ist absolut im Einklang mit sich und der Welt, dies wird nur von wenigen Menschen erreicht.

2. Yoga für Kinder in der Grundschule

Schulkinder lehre ich mithilfe der Yoga-Elemente Körperverantwortung, Gemeinschaftssinn, Konzentration und Aufmerksamkeit auf den Moment sowie Teamgeist. Auch Partnerübungen, Interaktionsspiele und Visualisierungen für den emphatischen Umgang mit dem anderen zeigen eine ernsthafte Einführung in die Yoga-Philosophie mit den Yamas (soziale Kompetenz) und Niyamas (Achtung der eigenen Person) im Klassenzimmer. Regeln und Rituale zur Lernförderung und zum Stressabbau werden ebenso thematisiert. Kinder üben vielfältige Yoga-Positionen zur Zentrierung, Fokussierung und Verbesserung ihrer Körperhaltung.

In der 1. Klasse arbeite ich sehr spielerisch. Dies bedeutet, dass wir uns mit Yoga-Spielen, Geschichten und Abenteuerreisen bewegen und entspannen, um die Fantasie anzuregen. Körperhaltungen **(Asanas)** sowie Atemübungen **(Pranayama)** werden mit Kuscheltieren und musikalischer Untermalung kindgemäß vermittelt. Ab der 3. Klasse kreieren die Kinder selbst eigene Körperformen. Kontaktspiele und Vertrauensübungen sowohl mit Partnern als auch in der Gruppe werden zum Abbau von Prüfungsängsten, zur Stärkung des Selbstbewusstseins und zur Anerkennung der eigenen Stärken und Schwächen genutzt.

Wenn Erwachsene Yoga üben, um sich vom Alltag zu erholen, bleiben sie für längere Zeit in den verschiedenen Körperhaltungen. Kinder dagegen sollten vor allem bei Übungen, die auf das Drüsensystem wirken oder Gelenke stark belasten, nicht lange in Positionen verharren.

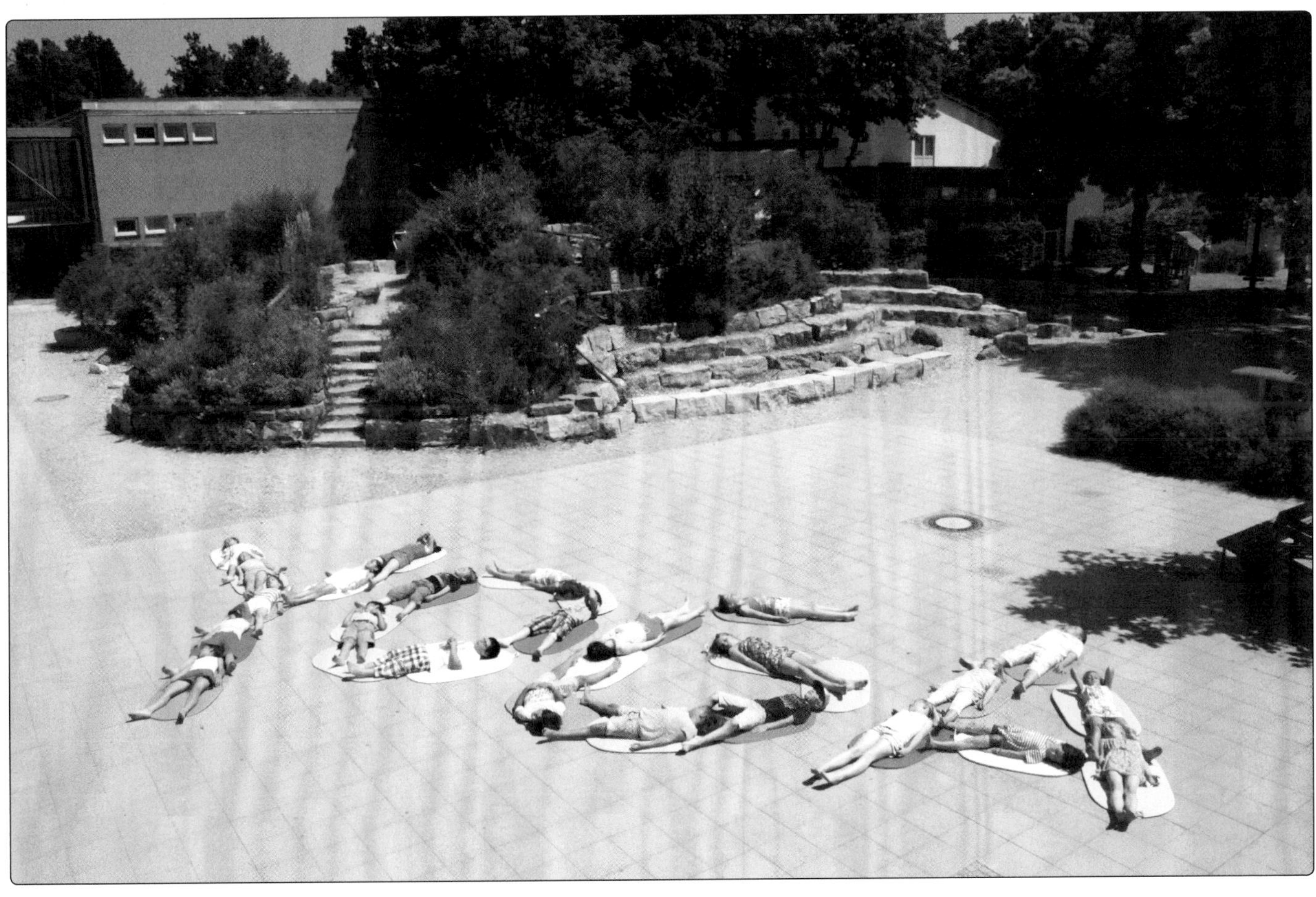

3. Warum Yoga-Elemente im Unterricht der Grundschule?

Die positiven Effekte von Yoga auf das Gesamtbefinden des Menschen sind durch viele Studien belegt. Regelmäßiges Üben von Yoga wirkt auf die Atmung, den Bewegungsapparat, die Verdauungsorgane, die Fähigkeit zur Konzentration, den Kreislauf und die Stimmung. Es fördert das Gleichgewicht, die Aufrichtung und die Stabilität und kräftigt Muskeln, Sehnen und Bänder. Diesen Effekt hat Yoga auch auf Kinder.

Die moderne Hirnforschung zeigt, dass Gesundheit ganzheitlich verstanden werden muss und mit Körper, Seele und Geist verbunden ist. Yoga verbindet also diese drei Elemente: Körper, Seele und Geist. Außerdem aktiviert es Wahrnehmungssysteme und fördert die körperliche und geistige Entwicklung. Besonders wertvoll finde ich auch die Förderung von Mitgefühl und Hilfsbereitschaft. Empathie ist das größte Gut in der heutigen Welt, auch diese Fähigkeit kann sich durch Yoga entwickeln. Durch Yoga können Lehrkräfte erreichen, dass Kinder aufmerksamer sind und weniger zu Unterrichtsstörungen neigen. Denn der Schwerpunkt auf Bewegung und Konzentration als Anspannungspunkte wird durch zwei weitere Pole, nämlich Achtsamkeit und Entspannung, ergänzt.

Yoga für Kinder heißt Bewegung und Entspannung. Lernen in Bewegung ist effektiv und führt zu weniger Störungen. Wie in zahlreichen Studien belegt, werden dadurch Lerninhalte leichter eingeprägt. Bewegungsphasen sind verschiedene Yoga-Asanas, die die Kinder spielerisch mittels Tiernamen erlernen.
In der Entspannungsphase erleben Kinder Ruhe und Stille oder kleine Phasen mit leiser Meditationsmusik. Konzentration ist die Fähigkeit, die gesamte Aufmerksamkeit auf ein Ding zu lenken. Durch bewusste Atemübungen können Kinder lernen, sich zu fokussieren.

Ich sehe Yoga auch als Ausgleich zum leistungsorientierten Schulalltag. Im Yoga gibt es nämlich kein „Können", sondern „wir üben daran". Es gibt keine Bewertung mittels Noten, kein Verlieren und keinen Druck, sondern jeder übt so gut wie er kann. Yoga fördert aber auch die emotional-soziale Entwicklung des Kindes. Dadurch, dass Kinder mit Freude Neues lernen und Erfahrungen von persönlicher Bedeutung machen, werden Lerninhalte langfristig im Gehirn gespeichert. Das sogenannte limbische Nervensystem und unsere Frontallappen sowie deren neuronale Netzwerke werden stimuliert. Es entsteht Begeisterung! Wenn wir mit Begeisterung lernen, entstehen neue Ideen, die wiederum neue Ideen umsetzen können. Wir lernen also für uns und für unser Leben. Durch diese Freude am Lernen können Kinder auch Signale des Körpers besser wahrnehmen, wie z. B. Erschöpfung.

Ein weiterer Grund, Yogaelemente in den Unterricht mit einzubeziehen, ist die Achtsamkeit. Diese lehre ich durch Herzbildungsunterricht. Die Achtsamkeit beginnt stets bei uns selbst. Achtsamkeitsübungen sind aber ebenso wichtig für ein besseres soziales Klassenklima.

3.1 Methodisch-didaktische Hinweise

Die Ideen aus diesem Buch wurden sowohl im Klassenverband als auch in Kleingruppen vergleichbar mit einer Arbeitsgemeinschaft erprobt. Dabei kann Yoga auf kleinstem Raum und ohne großen Aufwand stattfinden.

Die einfachste Möglichkeit, Yoga in den Schulalltag zu integrieren, ergibt sich im Klassenzimmer auf Stühlen sitzend, am Boden im Kreis sitzend oder im Stehen übend. Verfügt man über einen engen Klassenraum, so sind Stehhaltungen und Sitzübungen auf dem Stuhl besonders geeignet. Ist das Klassenzimmer groß genug, um die Bänke in Hufeisenform anzuordnen, so kann man in dem dabei entstehenden freien Mittelbereich Sitzübungen und auch Übungen aus der Rückenlage sowie Entspannungsübungen durchführen. Ich bevorzuge oft eine U-Form-Anordnung der Tische und nutze den freien Raum in der Mitte für die Yoga-Übungen.

Die Schüler grüßen: „Namaste".

Meine Schüler wurden zu Beginn des Schuljahres mit **Balancekissen** ausgestattet, die während des Unterrichts auf den Stühlen platziert werden und die bei Bedarf in den Sitzkreis oder in den Entspannungskreis mitgenommen werden. Es gibt auch Stoffüberzüge, die gewaschen werden können, sodass es hygienischer für die Schüler ist. Das Balancekissen hat eine flache und glatte Seite, die für Stehhaltungen ideal ist, sowie eine Seite mit Noppen. Diese Seite wird von den Kindern gerne für eine kleine Massage genutzt.

Entspannung

Es gibt unterschiedliche Yogarichtungen. Für Yoga in der Schule eignet sich der **Hatha-Stil**. Hatha besteht aus den Silben „Ha" und „Tha", die „Sonne" und „Mond" bedeuten. Das heißt, dass Hatha Yoga eine Harmonisierung verschiedener Kräfte in uns anstrebt. Ha, die Sonne, steht für Aktivität und die Energie des Tages, und Tha, der Mond, symbolisiert Passivität und Ruhe, die Energie der Nacht. Hatha wird jedoch auch mit Kraft und Anstrengung gleichgesetzt, die wichtig sind, um ein fokussiertes Ziel zu erreichen.

Diese Yoga-Richtung beschäftigt sich mit Übungen für Körper, Atem und Geist und fokussiert das Ziel, die innere und äußere Balance im Menschen selbst und in seinen sozialen Verknüpfungen herzustellen: ideal also zur Umsetzung im Unterricht der Grundschule.

4. Einführung der Grundhaltungen im Klassenraum

4.1 Grundstellungen

Yoga-Haltungen im Sitzen, Stehen und im Liegen lassen sich entsprechend ihrer Zielrichtungen und Grundstrukturen einteilen in: Rückbeugen, Vorbeugen, Drehungen und Seitbeugen. Auch Partner- und Gruppenübungen bieten sich besonders gut im Unterricht an.

Die Beschreibungen der Grundstellungen sind so formuliert, dass die Schüler direkt angesprochen werden.

Namaste

Namaste ist eine Begrüßungsgeste und mit Respekt und Dankbarkeit verbunden. Die Hände sind vor der Brust aneinandergelegt und man verneigt sich etwas nach vorne.

Aufrechter Stand

Dies ist die Grundstellung für die Asanas im Stand. Du stehst stark und aufrecht wie ein Berg. Deine Füße sind fest am Boden, parallel zueinander gerichtet und unter deinen Hüftgelenken. Dehne dich in die Länge, als ob du immer weiter wachsen möchtest. Trotzdem bleiben deine Füße am Boden gedrückt. Lasse deine Schultern sinken und schließe einen Moment die Augen. So kannst du Ruhe finden und neue Kräfte sammeln.

Langsitz

- Zur Kräftigung des Rückens und Förderung einer aufrechten Körperhaltung.

Setze dich ganz aufrecht mit ausgestreckten Beinen auf den Boden und lasse deinen Rücken in die Länge wachsen. Drücke dabei deinen Po und die Rückseite deiner Beine zum Boden. Dehne auch deinen Nacken und lasse die Schultern sinken. Deine Arme hängen locker an den Seiten.

Fersensitz

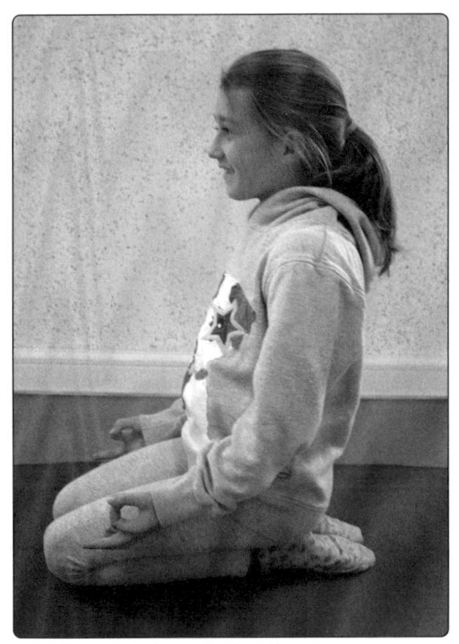

- Lernen, innere Ruhe zu finden
- Förderung der Konzentration und der Ausgeglichenheit

In dieser Sitzhaltung liegen deine Unterschenkel am Boden und du sitzt auf deinen Fersen. Lasse deine Arme entspannt an den Seiten hängen oder lege deine Hände mit der Rückseite auf die Oberschenkel und führe die Kuppen von den Daumen und Zeigefingern zusammen.

Kniestand

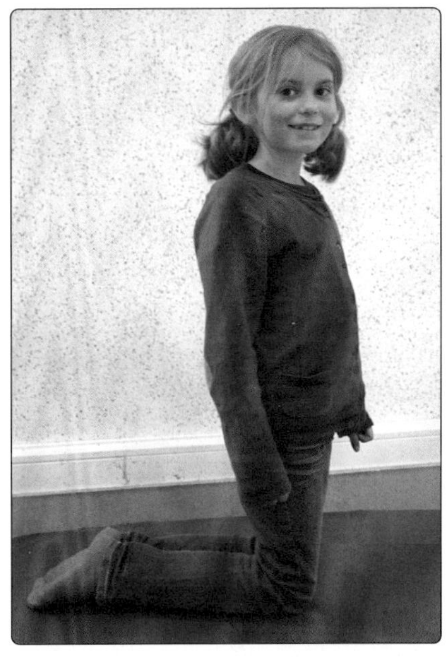

Die Unterschenkel, Knie und Fußrücken sind am Boden, die Oberschenkel stehen senkrecht zu den Unterschenkeln, der Rumpf ist aufgerichtet, der Nacken lang und die Schultern dehnen nach hinten, unten und außen. Achte darauf, dass die Knie unter den Hüftgelenken stehen und das Becken aufgerichtet ist.

Hockstellung

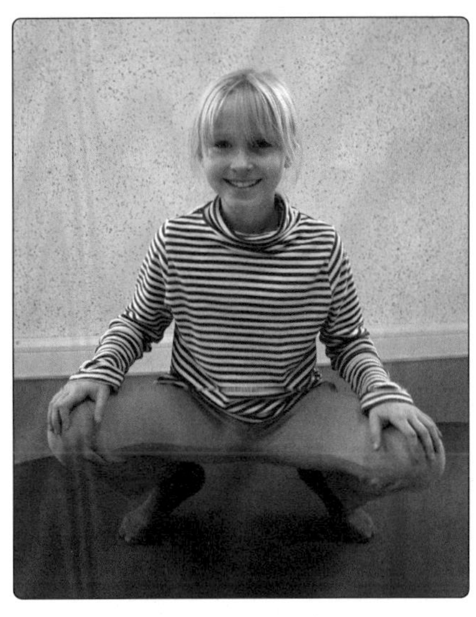

In diese Haltung kommst du, wenn du aus dem aufrechten Stand die Knie beugst, den Rücken gerade lässt und langsam deinen Po auf die Fersen setzt. Deine Arme bleiben locker an den Seiten hängen oder du legst sie auf deine Knie.

Vierfüßlerstand

Stelle deine Hände unter die Schultergelenke und deine Knie unter deine Hüftgelenke. Die Unterschenkel und Fußrücken liegen am Boden, deine Oberschenkel stehen senkrecht zu den Unterschenkeln und die Arme sind gestreckt. Dehne den Rücken und Nacken in die Länge und achte darauf, dass du im unteren Rücken nicht in ein Hohlkreuz sinkst.

Bauchlage

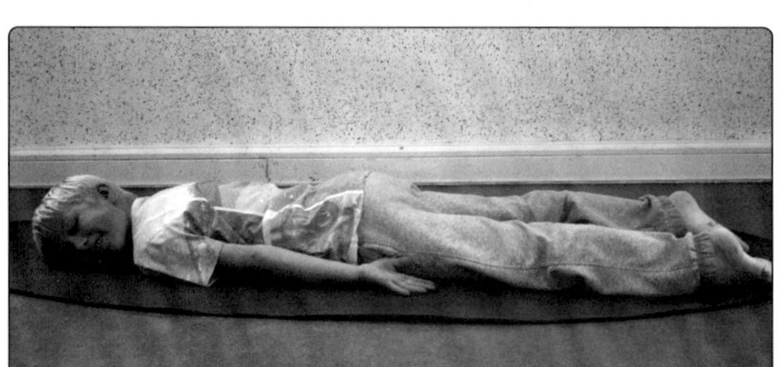

Lege dich entspannt auf den Bauch, lasse die Schultern sinken und deine Arme gelöst neben dir ruhen. Die Handrücken sind am Boden, so können sich auch die Finger entspannen. Lege deinen Kopf auf eine Seite und die Füße so, dass die Fersen nach außen und die Zehen nach innen weisen.

Rückenlage

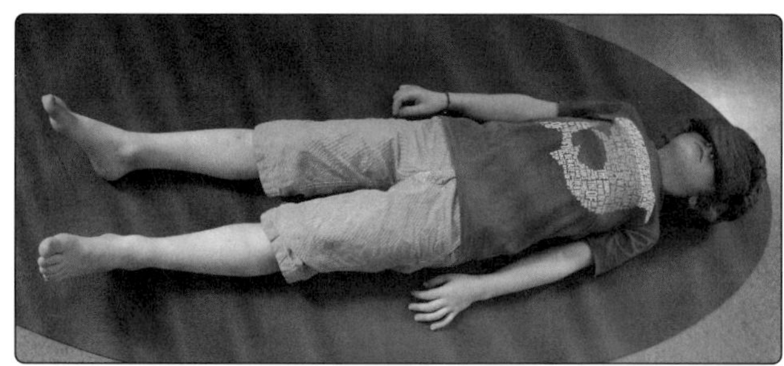

Spüre deinen Rücken und lasse ihn immer weiter in Richtung Boden sinken. Die Füße fallen locker zu den Seiten. Drehe die Arme so, dass die Handrücken am Boden liegen. Lasse die Schultern sinken und dehne sie von den Ohren weg. Atme tief und gleichmäßig.

Kind

Du sitzt im Fersensitz. Jetzt neigst du deinen Oberkörper vor und legst ihn auf den Oberschenkeln ab. Die Stirn bringst du vor den Knien an den Boden. Der Po bleibt auf den Fersen. Die Arme liegen rechts und links neben den Unterschenkeln, die Handrücken berühren den Boden. Lege die Handflächen auf den Boden und lasse die Schultern sinken.

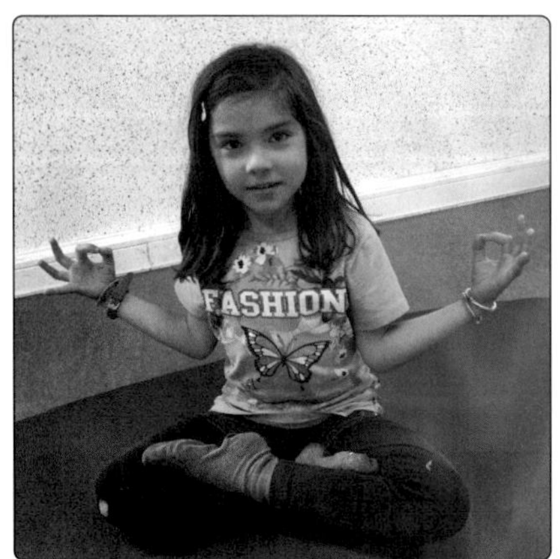

Lotussitz

Setze dich in den Langsitz, ganz aufrecht, fasse den rechten Fuß, winkle das rechte Knie an und führe den Fußrücken hoch auf den linken Oberschenkel. Fasse dann den linken Fuß und lege den Fußrücken hoch auf den rechten Oberschenkel. Die Knie sinken seitlich zum Boden, dein Rücken ist aufgerichtet und deine Hände ruhen mit den Handrücken auf den Knien; die Fingerkuppen der Daumen und Zeigefinger berühren sich. Übe diesen Sitz ohne Ehrgeiz.

Rückbeugen

Rückbeugen sind öffnende und weitende Haltungen. Sie werden oft mit der Einatmung ausgeführt und vertiefen somit den Atem. Ich setze diese Übungen bewusst ein, wenn Kinder müde und erschöpft wirken. Denn durch Rückbeugen wird der Kreislauf angeregt, die Wirbelsäule wieder aufgerichtet und stabilisiert, die Körpervorderseite gedehnt und die Rückenmuskulatur gekräftigt.

Vorbeugen

Vorbeugen sind Haltungen, bei denen der Oberkörper aus den Hüftgelenken heraus gebeugt wird oder wenn man sich generell nach vorne neigt. Dabei wird die Rückenmuskulatur gedehnt. Ich setze diese Übungen ein, wenn ich merke, dass Kinder sehr aufgewühlt und aufgeregt wirken. Auch vor Probearbeiten eignen sich Vorbeugen hervorragend zur Konzentrationsförderung. Empfehlenswert sind Vorbeugen auch für Kinder mit ADS/ADHS, da sich mit der Ausatmung körperliche und mentale Spannungen lösen können.

Drehhaltungen

Bei Drehhaltungen wird die gesamte Wirbelsäule um die eigene Längsachse gedreht. Dies bewirkt, dass sämtliche Muskelgruppen, Bänder und Sehnen um die Wirbelsäule herum gedehnt werden. Ich nutze Drehhaltungen am Morgen, da sich Drehungen im Bauchraum positiv auf Verdauungsprozesse auswirken. Kinder werden wacher, da die Ausatmung verstärkt wird. Außerdem wird die Atemkapazität verbessert, da die Muskulatur um den Brustkorb herum angesprochen wird.

Seitbeugen

Seitbeugen dehnen die Zwischenrippenmuskulatur. Dabei wird immer eine Brustkorbseite intensiv geweitet und das betreffende Lungengewebe gedehnt. Diese Haltungen haben eine einseitige Auswirkung auf Hals-, Brust-, Schultermuskulatur, aber auch auf Rücken-, Bauch- und Oberschenkelmuskulatur. Die Darmmotorik wird angeregt. Oft übe ich diese Seitbeugen nach dem Mittagessen, bevor die Lernzeit beginnt. Beide Körperhälften müssen dabei aufgeweckt werden!

4.2 Atmung (Pranayama)

Was Yoga vom „indischen Bodenturnen" unterscheidet, ist die Fokussierung auf die Atmung, die Pranayama genannt wird. Von der 1. bis zur 3. Klasse sollte der Atem nur indirekt über das Singen angesprochen werden. Ab der 3. Klasse können die Übungen mit dem Atem bewusst durchgeführt werden. Sobald die Konzentration auf die Atmung jedoch zu Verspannungen führt, sollten alle Ansagen zur Atmung vermieden werden. Lehrkräfte dürfen also nicht ins Atemgeschehen der Schüler eingreifen.

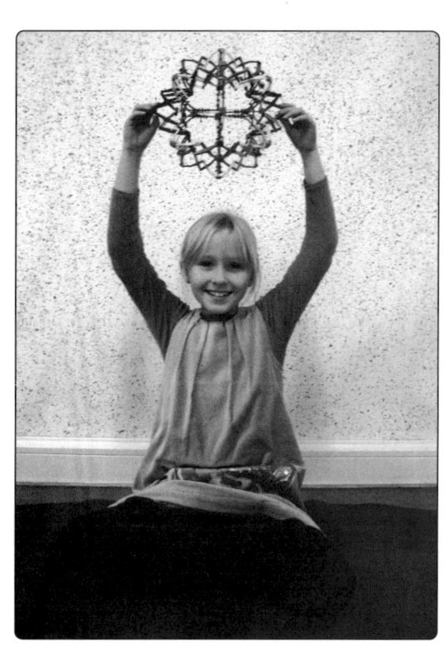

Positive Erfahrungen habe ich mit dem sogenannten „Atemball" gemacht. Achtsam wird dieser Ball mit dem Einatmen an den Enden gezogen, bis er in voller Größe erscheint, beim Ausatmen nimmt er wieder die ursprüngliche Größe ein. Ein idealer, kindgemäßer Weg, um das Ausatmen spielerisch zu verlängern.

Shitali, die Zungenatmung (auch Luftschlürfen genannt)

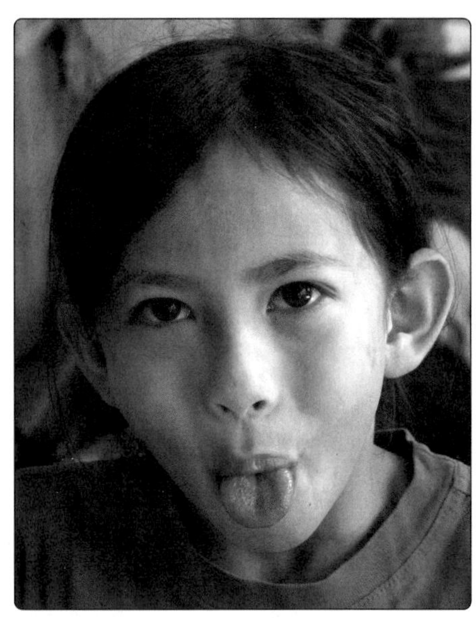

Die Kinder strecken die Zunge heraus und versuchen, diese zu rollen. Wenn das nicht gelingt, kann stattdessen die Zungenspitze von innen gegen die oberen Zähne gedrückt werden. Über die gerollte Zunge wird eingeatmet und durch die Nase ausgeatmet. Shitali ist die kühlende Atmung. Diese Übung sorgt für eine Abkühlung von Körper und Geist und hilft auch gegen Wut und Unruhe. Dies ist die Kinderyoga-Variante von Shitali – sie löst in der Schulklasse auch Heiterkeit aus.

Bauchatmung für Kinder

Die einfachste Atemübung im Yoga ist die Bauchatmung. Die Kinder können sie im Liegen mit einem Kuscheltier oder im Sitzen üben. Dabei legen sie ihre Hand auf den Bauch. Wenn man die Schüler anleitet, bittet man sie, vollständig auszuatmen; der Bauch senkt sich von selbst. Mit dem nächsten Einatmen hebt sich der Bauch; es bereitet den Kindern große Freude, ihren Bauch beim Einatmen zu bewegen. Auch die Vorstellung, einen Luftballon in seinem Bauch zu haben, hilft, diese Technik umzusetzen.

Vulkan-Atem (auch Holzfäller genannt)

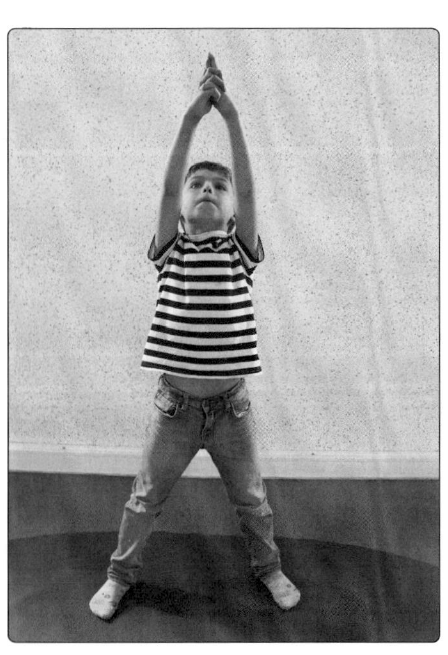

Diese schnell durchgeführte Atemübung bringt nach einer anstrengenden Arbeitsphase wieder Energie in den Körper.

Beschreibung: *„Im Stehen beugst du dich nach unten und ziehst die „Lava" von unten nach oben hoch. Mit dem Einatmen füllst du deinen Brustkorb, beim „Explodieren" strömt dein Atem mit einem Zischen aus dir heraus."*

Wenn Kinder vor Wut explodieren können, ist diese Übung ideal, um Dampf abzulassen. Bei der Explosion springen die Kinder so hoch sie können in die Luft. Insgesamt wird dies dreimal hintereinander geübt. Um zu erfahren, wie es den Kindern gerade geht, ermuntere ich sie oft, ihr momentanes Gefühl, wie Angst, Wut … aus dem Körper laut herauszuschreien.

4.3 Asanas (Yoga-Übungen)

Yoga-Übungen in der Grundschule sind Asanas aus dem Erwachsenen-Yoga. Kindgemäß werden sie zu Bildern aus der Tierwelt wie der Hase, der Tiger oder lebensnahen Objekten wie der Tisch, der Baum, die Blume. Sanskrit-Namen aus der Sprache der indischen Gelehrten werden bewusst weggelassen. Es ist nur wichtig, dass Kinder sich in die Stellungen hineinversetzen können, indem sie sich wie das ausgewählte Tier fühlen bzw. bewegen.

Das Kinder-Yoga ist ein anderes Üben als das Erwachsenen-Yoga, da das Knochengewebe noch elastisch und die Gelenke bis zur Verknöcherung noch instabil sind. Belastungen durch längeres Verharren in einer Position sollten deshalb vermieden werden.

Im Unterricht teile ich Yoga-Übungen in Bewegungsübungen ein, um sich zu zentrieren und zu aktivieren oder um Dampf abzulassen. Außerdem übe ich Positionen, um sich zu zentrieren, die innere Mitte wiederfinden zu können sowie beide Gehirnhälften wieder auszugleichen und um sich in der Bewegung zu entspannen. Dazu zählen Stehhaltungen, Vorwärtsbeugen, Umkehrhaltungen, Herzöffner mittels Rückbeugen, Bauchübungen und Hüftöffner.

Körperhaltungen geben sowohl körperlich gesehen als auch geistig Halt. Denn eine gerade, aufrechte Haltung ist verknüpft mit der inneren, psychischen Verfassung: Wer sich emotional sicher fühlt, nimmt automatisch eine aufrechte Haltung ein. Absolut wichtig finde ich neben dem ganzheitlichen Übungseffekt, dass Kinder pure Freude am Üben von Yoga-Asanas ausstrahlen. Das Hineinschlüpfen in verschiedene Rollen schätze ich sehr, da gerade ängstliche oder schüchterne Kinder über sich selbst hinauswachsen und ihr Selbstvertrauen weiterentwickeln können. Yoga kann also auch spielerisch das Selbstbewusstsein stärken und Schulkinder zu selbstsicheren und ausgeglichenen kleinen Persönlichkeiten heranreifen lassen.

Wichtig zu erwähnen ist, dass Kinder so üben sollen, so gut sie es gerade können. Kein Leistungsdruck sollte entstehen! Der Wohlfühlaspekt ist wichtig. Lehrkräfte sollten deshalb nicht kritisieren oder korrigieren, da Kinder sehr schnell enttäuscht sind und bei Kritik entmutigt werden. Aus Erfahrung werden liebevolle Hilfestellungen im richtigen Moment akzeptiert. Nach einigen Übungsphasen merken die Kinder selbst, dass sie sicherer in die Position gehen können, weil sie ihre Sinne geschult, ihren Körper besser koordiniert haben und sich dadurch intensiver wahrnehmen können.

Übungen, die ich im Unterricht einsetze:

Adler

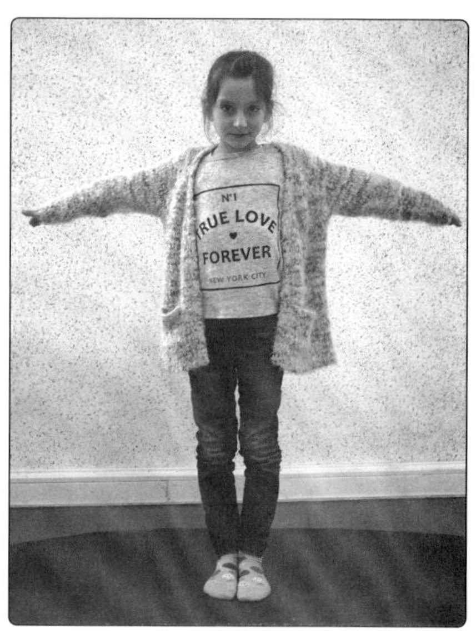

- Förderung des Körpergefühls
- Vertiefung der Atmung

Ausgangsstellung ist der aufrechte Stand (Berghaltung). Hebe deine Arme auf Schulterhöhe und dehne sie zu den Seiten. Drehe den Rumpf nach rechts und achte dabei darauf, dass die Arme auf Schulterhöhe und in der Verlängerung der Schultern bleiben. Bewege die linke Hüfte entgegengesetzt nach links, sodass dein Becken nach vorn gerichtet bleibt. Drehe den Rumpf wieder nach vorn und dann zur anderen Seite. Wechsle die Seiten einige Male ab und fühle dich wie ein Adler, der hoch durch die Luft segelt. Es kann sein, dass sich die Arme anfangs bei der Drehung des Rumpfes mitbewegen, senken oder heben. Achte immer wieder darauf, dass sie auf der Höhe deiner Schultern und auch in einer Linie mit den Schultern bleiben. Wenn du diese Stellung öfter übst, verbessert sich dein Körpergefühl und du kannst die Drehung bald mit geschlossenen Augen ausführen, ohne dass die Arme sich verändern.

Affe

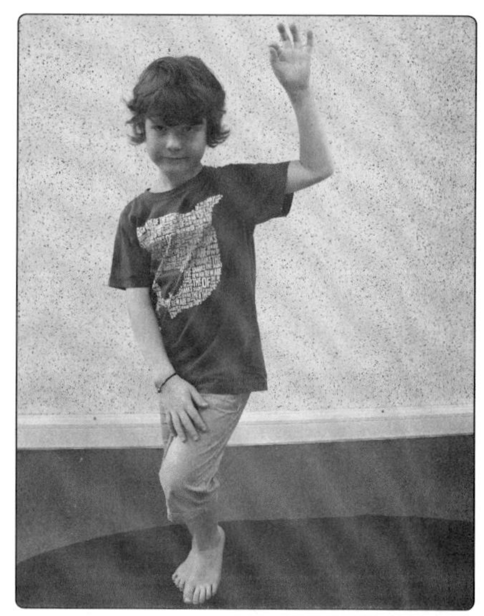

- Förderung der Körperkoordination
- Kräftigung der Beine

Hüpfe im aufrechten Stand abwechselnd von einem auf das andere Bein, ziehe die Knie dabei vor dem Körper hoch und schlage mit der linken Hand auf das rechte und mit der rechten Hand auf das linke Knie.

Gerne üben Kinder „Affenlausen", indem sie sich achtsam gegenseitig zart am Oberkörper berühren.

Baum

- Aufrichtung des Körpers
- Schulung des Gleichgewichtes
- Verbesserung der Konzentration und Aufmerksamkeit

Ausgangsstellung ist der aufrechte Stand. Suche dir einen festen Punkt am Boden, auf den du schaust, um besser das Gleichgewicht zu halten. Verlagere das Gewicht deines Körpers auf den linken Fuß, beuge das rechte Knie und richte es zur rechten Seite; stelle die rechte Fußsohle an die Innenseite des linken Beines und drücke sie leicht an. Erwidere mit dem linken Bein den Druck. Das kann dir die nötige Stabilität und Sicherheit geben, um eine Weile auf einem Bein zu stehen. Bist du anfangs noch wacklig, stelle die Fußsohle an die Innenseite des linken Fußes, sodass die rechte große Zehe den Boden berührt. Hebe deine Arme langsam seitwärts über den Kopf und lege die Handflächen aneinander. Lasse dabei die Schultern sinken und deinen Atem langsam und gleichmäßig fließen. Übe dann den Baum auf dem rechten Bein.

Bär

- Kräftigung der Arme und Beine
- Stärkung der Hand- und Fußgelenke

Ausgangsstellung ist der Vierfüßlerstand. Stelle dich auf die Zehen, drücke die Handflächen – besonders die Handballen – an den Boden und strecke die Beine. Lasse die Arme und Beine durchgestreckt, wenn du dich jetzt vorwärts bewegst. Löse den linken Fuß und die rechte Hand vom Boden, bewege sie nach vorn und setze sie wieder auf. Mache das Gleiche mit dem rechten Fuß und der linken Hand. Wenn du Lust hast, tapse auf diese Weise nach vorn, zurück und auch mal zu den Seiten. Vielleicht kannst du dich auch im Kreis drehen, ohne die Knie und Ellbogen anzuwinkeln. Stelle dir vor, du bist ein dicker, brauner Bär mit einem zotteligen Fell.

Blume

- Kräftigung des Rückens, der Arme und der Schultern
- Unterstützung des aufrechten Sitzens

Ausgangsstellung ist der Lotussitz oder ein aufrechter Sitz mit gekreuzten Beinen. Lege deine Handflächen vor dem Brustbein aneinander und dehne die Ellbogen zu den Seiten. Achte darauf, dass deine Schultern sinken und nach hinten und außen streben. Drücke bewusst die Handflächen aneinander und führe dabei die Arme über den Kopf. Stelle dir vor, dass deine Hände und Arme jetzt eine Knospe bilden, spüre über den Druck der Handflächen die Kraft, die in der Knospe schlummert. Öffne dann die Arme zu den Seiten, bringe die Oberarme in die Verlängerung deiner Schultern, richte die Unterarme senkrecht zu den Oberarmen auf und richte die Handflächen nach oben. Fühle dich wie eine wunderschöne Blume, die leuchtet und duftet. Wenn du die Übung wiederholst, kannst du dir auch eine andere Blütenform ausdenken und diese mit den Armen und Händen formen.

Denkmütze

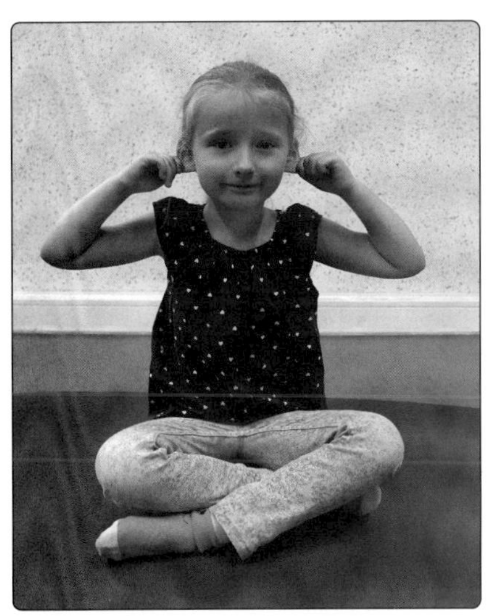

An den Ohren befinden sich zahlreiche Akupressur-Punkte. Wenn Kinder und auch Lehrkräfte sanft mit Daumen und Zeigefinger alle Zonen der Ohrmuschel drücken und behutsam von innen nach außen ziehen, fühlen sie sich erfrischt (ideal vor Lernerfolgskontrollen).

Geier

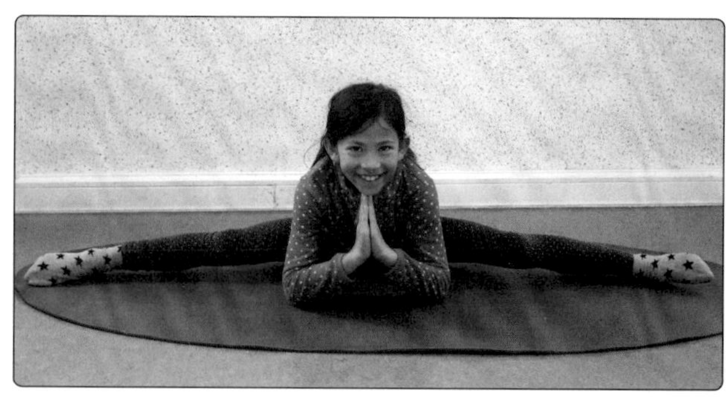

- Kräftigung der Beine, besonders der Oberschenkel
- Stärkung des Schultergürtels

Ausgangsstellung ist der Langsitz. Grätsche die Beine weit und richte den Rumpf gut auf. Lege deine Handflächen aneinander, dehne die Ellbogen nach außen und beuge den Rumpf mit gestreckter Wirbelsäule aus den Hüftgelenken heraus weit vor. Vielleicht kannst du die Unterarme vor dir auf den Boden legen und das Kinn auf die Finger stützen. Achte aber darauf, dass sich dein Rücken nicht rundet und auch der Nacken sollte lang bleiben. Übe ohne Ehrgeiz, wenn dir diese Stellung schwerfällt, und beuge dich nur so weit vor, wie du den Rücken gerade halten kannst.

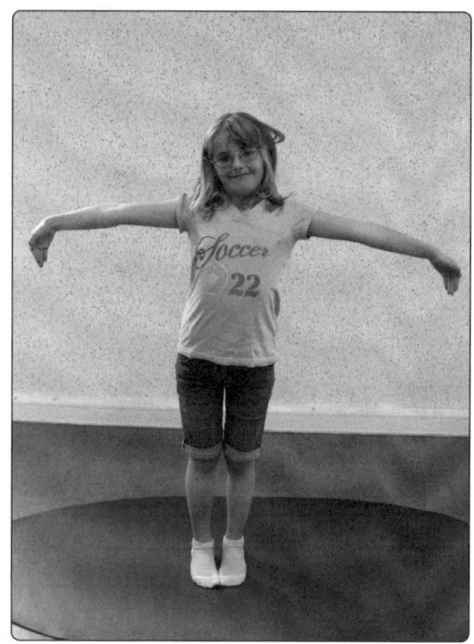

Hahn

- Schulung des Gleichgewichtes
- Kräftigung der Fuß-, Hand- und Zehengelenke
- Fokussierung der Atmung durch „Tönen"

Ausgangsstellung ist der aufrechte Stand. Hebe deine Arme zu den Seiten auf Schulterhöhe und klappe die Hände aus den Handgelenken heraus nach unten. Sei auf deinen Zehenspitzen und stelle dir vor, als Hahn auf einem Misthaufen oder einer Mauer zu stehen. Wenn du willst, kannst du auch laut krähen. Dabei kannst du eine Bewegung mit den Armen und Füßen ausführen: Senke die Arme seitlich ab und stelle dich wieder auf die Fußsohlen. Hebe dann die Arme auf Schulterhöhe, klappe die Hände nach unten und stelle dich gleichzeitig auf die Zehenspitzen. Atme dabei ein oder krähe laut. Senke die Arme, stelle die Füße wieder fest auf den Boden zurück und atme dabei aus oder verschnaufe vom lauten Krähen. Wechsel die beiden Bewegungen einige Male ab.

Katze

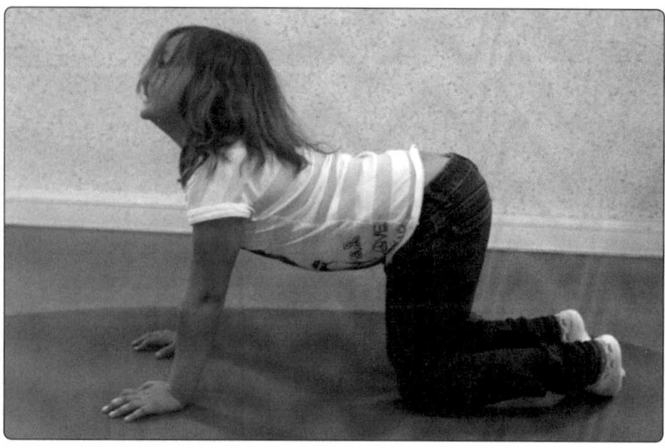

- Förderung der Beweglichkeit der Wirbelsäule
- Beruhigung durch „Tönen"

Ausgangsstellung ist der Vierfüßlerstand. Bewege die Wirbelsäule abwechselnd in eine Hohlstellung und eine Rundung. Wenn du den Po und dein Gesicht nach oben dehnst, sage „Miau". Wenn du einen Katzenbuckel formst, spreche „Mio". Fühle dich geschmeidig wie eine Katze.

Die Katze trinkt Milch

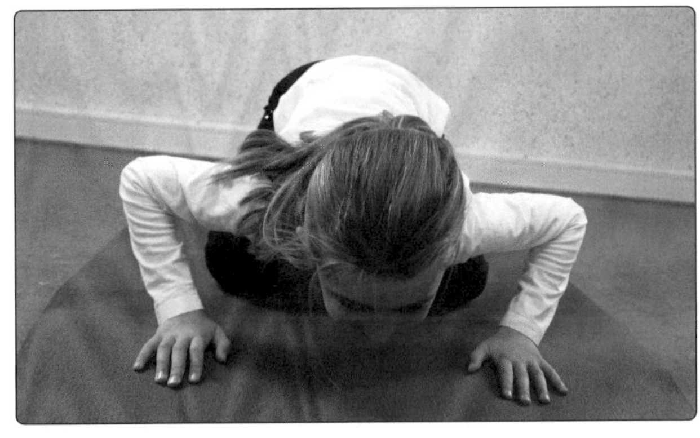

- Aktivierung der Wirbelsäule
- Kräftigung der Arme und Schultern

Strecke die Arme weit nach vorn und drücke die Handflächen auf den Boden. Hebe den Kopf in Verlängerung deiner Wirbelsäule und verlagere dein Gewicht auf die Hände. Dehne die Ellbogen zu den Seiten und wandere mit der Nasenspitze dicht über dem Boden entlang, bis sie zwischen den Händen ankommt. Dabei heben sich der Po von den Fersen und der Oberkörper von den Oberschenkeln. Drücke dich wieder hoch in den Vierfüßlerstand, halte die Arme gestreckt und lasse den Po an die Fersen sinken, um die Übung einige Male zu wiederholen. Dabei kannst du dir vorstellen, dass du eine Katze bist, die ihre Milch schlürft.

Kerze

- Kräftigung der Rücken-, Bein-, Nacken- und Bauchmuskulatur
- Durchblutung von Kopf, Wirbelsäule und Becken
- Körperentspannung

Stelle in der Rückenlage die Füße im Abstand der Hüftgelenke auf den Boden. Drücke deine Fingerkuppen an den Boden und bewege die Knie über die Stirn. Dabei lösen sich der Po und der untere Rücken vom Boden. Lege die Hände zum Abstützen an den unteren Rücken und strecke die Beine nach oben. Gehe immer langsam in die Stellung und auch langsam wieder aus ihr heraus. Deinen Kopf darfst du in dieser Stellung nicht bewegen!

Kobra/Schlange

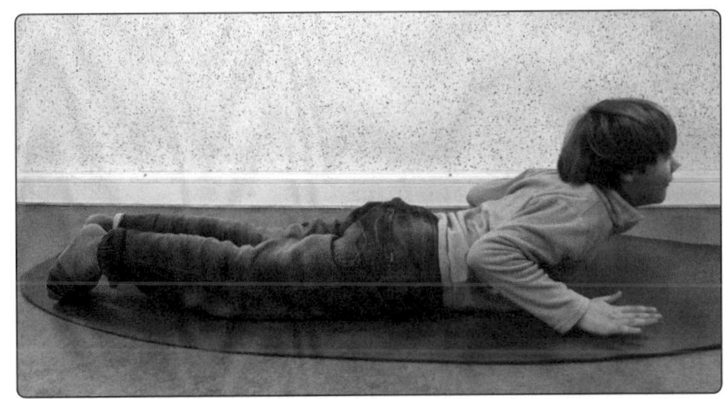

- Dehnung des Brustkorbs zur tieferen Atmung
- Kräftigung und Durchblutung der Rückenmuskulatur

Ausgangsstellung ist die Bauchlage. Lege die Stirn an den Boden, strecke deinen Nacken und setze deine Handflächen in Brusthöhe auf. Richte den Oberkörper mit langem Nacken auf und nutze dazu die Kraft deiner Rückenmuskeln. Auf den Händen lastet so wenig Gewicht wie möglich. Die Ellbogen weisen nach hinten und die Schultern dehnen nach außen. Atme ruhig und tief und zische wie eine Schlange. Fühlst du dich kräftig, kannst du dich auch weiter aufrichten, indem du Gewicht auf die Hände und Fußrücken verlagerst. Spanne dabei die Pomuskeln an und strecke den Nacken, sodass der Hals lang wird, wenn du nach oben schaust.

Krähe

- Kräftigung der Handgelenke
- Schulung des Gleichgewichtes

Ausgangsstellung ist die Hocke. Lege die Handflächen an den Boden und drücke Knie und Ellbogen aneinander. Verlagere das Gewicht des Körpers auf deine Hände und löse dabei langsam die Füße vom Boden.

Kranich

- Dehnung des Körpers
- Förderung der Bewegungskoordination

Ausgangsstellung ist der aufrechte Stand. Breite während des Einatmens die Arme auf Schulterhöhe seitlich aus, richte die Handrücken zu den Seiten, sodass die Finger nach unten weisen, und hebe das rechte Knie, bis der Oberschenkel parallel zum Boden gerichtet ist. Strecke den Fußrücken. Strecke während des Ausatmens das rechte Bein nach vorn aus, dehne dabei die Fußsohle nach vorn und senke das Bein und die Arme. Mache die gleiche Übung mit dem anderen Bein. Wenn du willst, kannst du dabei auch kleine Schritte nach vorn gehen.

Lotus Mudra

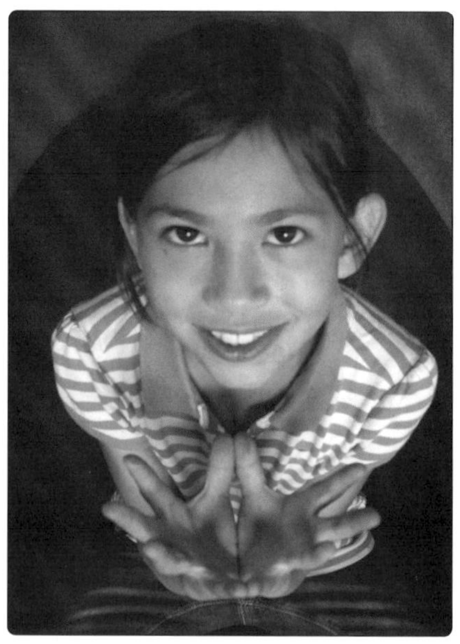

- Beruhigung des Nervensystems
- Kräftigung der Hände und Finger
- Förderung von Achtsamkeit

Ausgangsstellung ist Tadasana oder eine aufgerichtete Sitzhaltung. Lege die Handflächen vor der Brust aneinander, dehne die Ellbogen zu den Seiten, löse die Finger voneinander, spreize sie und dehne sie nach außen. Die Daumen und die kleinen Finger behalten Kontakt.

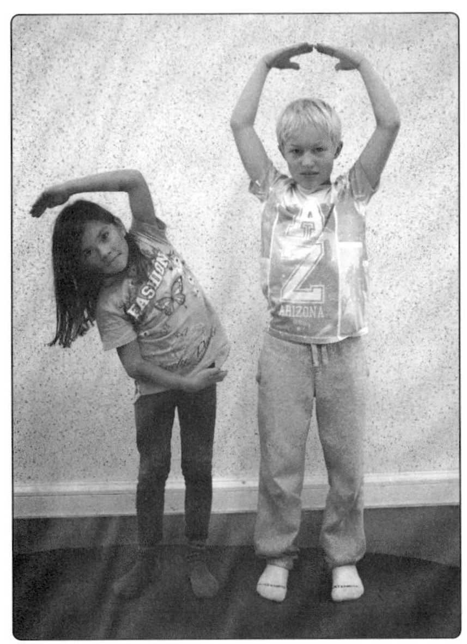

Mond

- Dehnung der Körperseiten: Mobilisierung der Wirbelsäule, Anregung der Atmung
- Kräftigung der Körperseiten und Schultern

Du bildest mit deinem Körper einen Halbmond. Ausgangsstellung ist die Berghaltung. Hebe die Arme seitlich hoch über den Kopf und dehne sie mit den Fingerspitzen nach oben. Senke die Schultern, drücke die Füße fest an den Boden und neige den Oberkörper nach rechts. Lasse dabei den rechten Handrücken an den rechten Oberschenkel kommen und dehne den linken Arm nach rechts. Richte dich wieder auf und neige dich zur anderen Seite. Um den Vollmond zu formen, führe im aufrechten Stand die Arme über die Seiten nach oben und lege über dem Kopf die Mittelfingerspitzen aneinander. Dehne die Ellbogen nach außen, sodass die Arme, Hände und Finger einen Kreis bilden.

Schildkröte

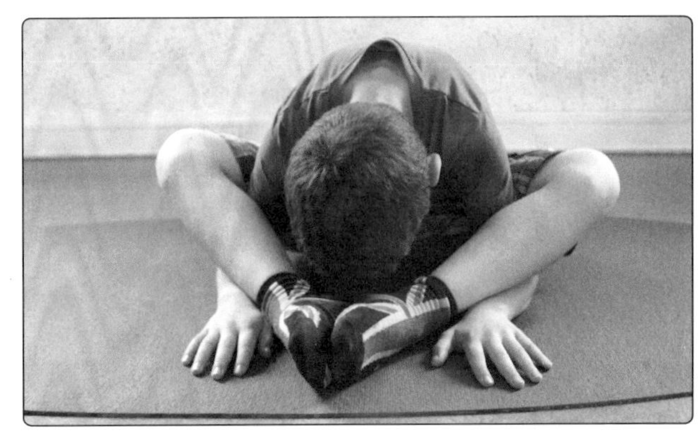

- Dehnung der Rückseite des Rumpfes und der Beine
- Entspannung für Schultern und Nacken
- Beruhigung des Nervensystems

Ausgangsstellung ist der Langsitz. Lege die Fußsohlen aneinander, dehne die Knie nach außen und senke die Fußaußenkanten zum Boden. Umfasse die Füße mit beiden Händen, strecke den Rücken und schiebe die Füße etwas vom Körper weg. Beuge dabei den Oberkörper mit gestreckter Wirbelsäule vor und senke den Kopf zu den Füßen. Der Rücken rundet sich und bildet den Panzer der Schildkröte. Wer beweglich ist, kann im Langsitz die Knie anwinkeln; die Beine werden dazu leicht gegrätscht, der Oberkörper weit vorgebeugt und die Arme von innen unter den Beinen durch nach hinten gestreckt. Die Handrücken sind am Boden, die Stirn wird in Richtung Boden gesenkt.

Schnecke: Variation von Yoga Mudra

- Kräftigung der Schultern
- Dehnung der Körperseiten
- Vertiefung der Atmung

Ausgangsstellung ist die Stellung des Kindes. Setze deine Fingerkuppen außen neben deinen Knien auf den Boden. Hebe deinen Kopf, indem du den Hinterkopf hochdrückst, der Nacken soll nämlich lang und gestreckt sein. Nun stelle dir vor, du bist eine Schnecke im Schneckenhaus und streckst abwechselnd die Fühler aus. Drücke die Fingerkuppen der linken Hand fest an den Boden und atme dabei aus. Hebe während des Einatmens den rechten Arm in der Verlängerung deines Oberkörpers und dehne ihn nach vorn. Wenn du ausatmest, nimm die Dehnung zurück, setze die rechten Fingerkuppen an der Außenseite des rechten Knies auf den Boden und drücke sie an. Dehne nun einatmend den linken Arm nach vorn. Wechsle die Arme einige Male ab.

Spatz

- Kräftigung der Beine
- Förderung des Gleichgewichtes

Ausgangsstellung ist die Hockstellung. Lege die Hände auf die Knie und hüpfe – in der Hocke bleibend – hin und her.

Stern

- Weitung des Brustkorbs zur Verbesserung der Atmung
- Mobilisierung der Wirbelsäule
- Kräftigung von Armen, Beinen und Hüften

Ausgangsstellung ist der Kniestand. Stelle den rechten Fuß seitlich, sodass die Zehen auf einer Linie mit dem Knie sind und nach vorn weisen. Das Bein ist gestreckt, der Fuß fest am Boden. Richte den Oberkörper auf und breite die Arme seitlich auf Schulterhöhe aus. Neige deinen Rumpf zur linken Seite, bis die Finger an der Außenseite des linken Knies den Boden berühren. Der rechte Arm richtet sich dabei nach oben. Stütze die Fingerkuppen der linken Hand auf den Boden, dehne den rechten Arm und die Finger der rechten Hand nach oben und drehe die Handfläche so auf, dass du hineinschauen kannst, wenn du den Kopf zur rechten Seite bewegst. Mache dann die Übung zur anderen Seite.

5. Praxiserprobte Übungen für den Unterricht im Alltag

5.1 Am Morgen des Unterrichts (der Yogami-Morgengruß)

Seit einigen Jahren beginne ich jeden Tag den Unterricht mit einem Yoga-Morgengruß, der in meiner Klasse nicht mehr wegzudenken ist. Der Morgengruß ist eine Abwandlung zum bekannten Sonnengruß. Schülern habe ich diese Begrüßung so erklärt: *„Die Sonne ist unsere Hauptlebensquelle. Ohne das Licht und die Wärme der Sonne wäre das Leben auf der Erde unmöglich, und die Sonne beeinflusst unsere Stimmung. Viele Kulturen beten die Sonne an."*

Im Erwachsenen-Yoga wird der Sonnengruß Surya Namaskar genannt. Er ist ein Übungszyklus aus normalerweise 12 Asanas, die im Rhythmus der Atmung ineinander übergehen. Die Zahl 12 steht symbolisch für die 12 Doppelstunden des Tages und für die 12 Monate eines Jahres. Der Sonnengruß gehört zu den ältesten Übungsabfolgen im Yoga. Es gibt dabei verschiedene Varianten.

Die Positionen des Sonnengrußes werden im Kinder-Yoga mit einfachen Sätzen verbunden; auf diese Weise merkt man sich die Abfolge am einfachsten. Der Fantasie sind hier keine Grenzen gesetzt. Mit einer zweiten Klasse wurde dieser kleine Morgengruß mit der Yogapuppe Yogami erfunden. Bewusst werden hier aufgrund der Klassenzimmerenge nur Stehhaltungen eingesetzt.

Asana-Sequenz/Bewegung	Gesprochener Text
Namaste-Haltung (Hände vor der Brust):   Verbeuge dich langsam und strecke die Arme mit dem Einatmen nach oben und senke sie mit dem Ausatmen wieder.	Mit Yogami beginne ich den neuen Tag.
Halte deine Hände über Kreuz vor dem Körper und strecke sie anschließend nach vorne. 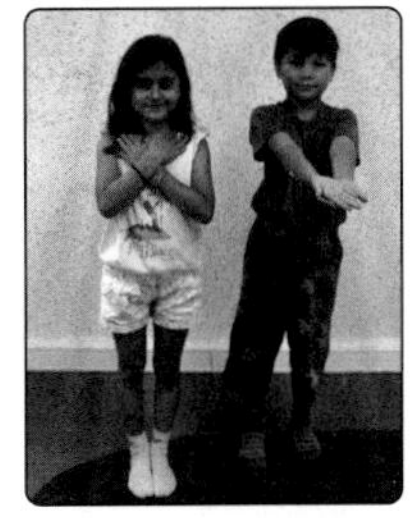	Achtsam und liebevoll mit mir und allen möchte ich sein!
Breite die Arme seitlich aus und schaue dabei zur linken und rechten Seite.  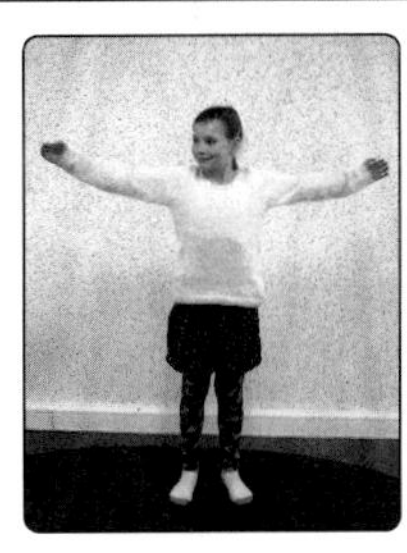	Fröhlich öffne ich das Fenster!

Asana-Sequenz/Bewegung	Gesprochener Text
Forme mit deinen Händen eine Blume und atme dabei tief ein! 	Und atme nun die frische Luft!
Beuge dich mit gestreckten Beinen und lege die Hände auf den Boden. 	Mit gestreckten Beinen kitzle ich den Erdboden wach.
Grätsche deine Beine im aufrechten Stand und hebe die Arme seitlich nach oben. Spreize die Finger und hebe dein Brustbein an! 	Jetzt grüße ich die strahlend helle Sonne!
Strecke dein rechtes Bein nach hinten wie beim Startlauf. 	Und sage Hallo zu den Tieren auf der Erde
Stehe wieder gerade, breite deine Arme seitlich auf Schulterhöhe aus und stelle dich dabei auf die Zehenspitzen. Bringe dann die Fußsohlen wieder zum Boden und führe mit deinen Armen Flatterbewegungen eines Vogels aus. 	und in den Lüften.
Stehe gerade, suche dir einen Punkt, der sich nicht bewegt, verlagere das Gewicht des Körpers auf einen Fuß, stelle den anderen Fuß an die Innenseite des anderen Beines. Dehne die Knie dabei nach außen und hebe die Arme. Die Handflächen können aneinandergelegt oder nach oben zum Himmel gestreckt werden.  	Wir sind nun verschiedene Bäume!

Asana-Sequenz/Bewegung	Gesprochener Text
Balle deine Hände zu Fäusten und spüre die Kraft in dir.	Durch Yogami sind wir stark …
Beschreibe mit deinen Armen einen Kreis.	… für den heutigen Tag!
Lege die Hände vor der Brust aneinander und dehne die Ellenbogen nach außen. Verbeuge dich.	**Namaste!**

5.2 Yoga zwischendurch oder vor einer Lernzielkontrolle

Diese kleine Rhythmisierungsübung setze ich während einer Phase ein, in der die Kinder erschöpft wirken. Wir lassen die momentane Arbeit liegen, gehen in den Stehkreis und beginnen mit der Yogaübung „Spüre deinen Körper".

Bewegung	Gesprochener Text
Die Kinder stehen und beugen sich mit gestreckten Beinen so weit nach vorne, bis sie mit den Händen den Boden berühren. Das Blut kann nun in den Kopf fließen und die Körperrückseite wird gedehnt.	Fühle die Erde …
Aufgerichtet malen die Kinder mit ihren beiden Händen eine liegende Acht.	und schmecke das Wasser …

Bewegung		Gesprochener Text
Die Hände werden vor den Mund gehalten, wobei sich Daumen und kleine Finger berühren. Die Kinder pusten in die Hände.		spüre den Atem …
Die Kinder klatschen einmal kraftvoll von oben nach unten in die Hände und führen die Arme nach oben und über die Seiten wieder nach unten.		und brenne vor Freude.

Zu den Bewegungen kann gesprochen oder auch gesunden werden. Meine Zweitklässler haben selbstständig eine Melodie erfunden.

Übung vor einer Lernzielkontrolle

Die Schüler sitzen im Schneidersitz, sie richten sich mit dem Energiefaden[1] auf und spüren mit geschlossenen Augen an den Nasenöffnungen bzw. an der Bauchdecke den Atem. Die Lehrkraft leitet nun die Entspannung ein:[2]

„Atme tief ein und aus, spüre, wie du sitzt ... beobachte deinen Atem – wie er kommt und wie er wieder geht … fühle, wie dein Kopf frei wird und du klar denken kannst … erinnere dich an alles, was du gelernt hast … stelle dir nun vor, wie du alle Antworten schreiben kannst und dir alle Lösungen einfallen … bewahre dieses schöne Gefühl in deinem Herzen auf und komm mit einem tiefen Atemzug bewusst wieder an deinen Platz zurück. Nimm deinen rechten Zeigefinger und massiere leicht die Stelle deines dritten Auges, geh nun hinab zu deiner Nase … zu deinem Mund, fahre leicht über die Oberlippe, Unterlippe, dann hinab über dein Kinn zur Halskuhle … jetzt fahre wieder zurück, über das Kinn, Ober- und Unterlippe zur Nase … zum dritten Auge … reibe deine Hände und lass deine warmen Finger über deine Augäpfel gleiten.

Ich zähle bis 3 ... und du bist hellwach und klar. Jetzt kannst du entspannt deine Arbeit beginnen."

[1] Drittes Auge: Das ist der Punkt zwischen den beiden Augen.
[2] Energiefaden: Durchsichtiger Faden am Scheitel wird senkrecht nach oben gezogen; so wird der Körper aufgerichtet.

5.3 Am Ende des Unterrichts

In der Ganztagesklasse schließe ich den Tag oft mit einer End-Entspannungsphase. Dazu dürfen sich die Kinder in die Mitte des Klassenzimmers auf ihr Balancekissen legen, sie erhalten ein Augensäckchen mit Lavendelduft und hören ruhige Musik. Manchmal lese ich Entspannungsgeschichten von unserer Identifikationspuppe „Yogami" und ihrem Freund, dem kleinen Yogi, vor, oder ich berühre die Kinder mit einer wohlriechenden Creme leicht am Kinn. Diese kleinen Berührungen lassen sie entspannen und den langen Schultag zufrieden und erfüllend beenden.

Empfehlenswert ist hierbei das Buch „Entspannende Abenteuer" von Marneta Viegas. Darin befinden sich 52 unterschiedliche Geschichten mit passenden Affirmationen für den Tag, die für mich als Lehrkraft zur Auswahl der Geschichte hilfreich sind. Sehr leicht können die Kinder loslassen und Kraft für den späten Nachmittag/Abend sammeln.

„Schließe nun deine Augen, werde ganz still und stell dir vor, dass vor dir der schönste aller Regenbogen leuchtet. Seine Farben blinken im Licht. Nie zuvor hast du einen so farbenprächtigen Regenbogen gesehen. Ihn nur anzusehen erfüllt dich mit Freude und Licht. Als du erkennst, wo der Regenbogen beginnt, beschließt du, ihn hinaufzusteigen. Der Regenbogen besteht aus Tausenden kleinen Lichtern in verschiedenen Farben. Mit jedem Schritt, den du machst, jedes Mal, wenn dein Fuß das Licht des Regenbogens berührt, wird dein Körper von Energie erfüllt. Während du hinaufkletterst, bist du voller Erwartung. Wo führt dieser glitzernde Regenbogen nur hin? Schließlich erreichst du die Spitze und die Aussicht ist einfach atemberaubend. Nach einer Weile beschließt du, auf der anderen Seite hinabzurutschen. Was für ein Spaß! Das ist die allerlängste Rutsche der Welt. Schließlich kommst du unten an. Hat dich der Regenbogen in eine Regenbogenwelt gebracht? Ist da tatsächlich ein Kessel voller Gold am Ende des Regenbogens? Genieße einen Augenblick die Welt am Ende des Regenbogens, das Land des Glücks. Und wenn du das ganze Glück in dich aufgenommen hast, trägt dich der Regenbogen wieder zurück. Und wenn du so weit bist, wackele mit deinen Fingern und Zehen, strecke dich ganz weit und dann öffne deine Augen."

Die Affirmation dieser Reise lautet: Ich hole das Glück in mein Leben!

In einem Lernfeedbackheft habe ich im zweiten Schuljahr begonnen, das Erlernte und Erlebte niederzuschreiben.

Diese Minuten am Ende des Schultages sind für Lehrer und Schüler sehr wertvoll. Die Gedanken kommen zur Ruhe und der Geist ist wieder klar. So können die Kinder nach 10 Stunden Schule entspannt nach Hause gehen und sich auf den nächsten Tag freuen.

5.4 Übungseinheiten mit verschiedenen Schwerpunkten

5.4.1 Wie werde ich Müdigkeit los?

In meinem eingeführten Lernfeedbackheft lese ich oft folgende Aussagen: *„Ich war sehr müde, aber durch die Yogaübungen bin ich wieder fit geworden."* Oder auch: *„Ich musste heute immer gähnen, so müde war ich, aber jetzt – nach einigen Yogaübungen – bin ich wach!"*

Vor allem nach dem Wochenende spüre ich die Müdigkeit meiner Schüler – sowohl körperlich durch dauerndes Gähnen und damit verbundener Unaufmerksamkeit als auch emotional – die mit Lustlosigkeit und Erschöpfung gleichzusetzen ist. Deshalb wähle ich folgende kleine Übungen bewusst aus, die nur wenige Minuten in Anspruch nehmen.

Wir gehen in den Stehkreis und klopfen behutsam unseren Körper ab. Ich erzähle spontan dazu – abhängig nach Wetterlage, Jahreszeit, Anlass ...

Bewegung	Textvorschlag
Kinder strecken ihre Arme zur Seite, nach oben, nach hinten; bewusstes Gähnen (mit Handteller am Mund leicht klopfen); Oberlippe/Unterlippe mit den Fingerspitzen leicht nachfahren.	Als ich heute Morgen aufgewacht bin, habe ich mich erst einmal gestreckt, nach rechts, links, oben, hinten ... ich musste kräftig gähnen.
Kinder ziehen vorsichtig an den Haaren.	Ich schaue in den Spiegel und sehe, dass meine Haare in alle Richtungen abstehen.
Armbewegungen imitieren.	Die Vorhänge ziehe ich nun zur Seite.
Arme weit zur Seite strecken und dann tiefes, bewusstes Atmen.	Ich öffne das Fenster und atme erst einmal tief die frische Luft ein.
Augen reiben, evtl. mit den Fingerspitzen am unteren Augenrand leicht trommeln.	Ich traue meinen Augen nicht!
Augenuhr beutet: Nur die Augen bewegen sich nach oben (12 Uhr), nach unten (6 Uhr), nach links (9 Uhr) und dann nach rechts (3 Uhr), dabei entsteht ein Kreuz. Anschließend kann evtl. eine Diagonale mit den Augen „gemalt" werden: z. B. von 2 Uhr auf 5 Uhr.	Ich muss erst meine Augen mit der „Augenuhr" aufwecken! Ich schaue auf 12 Uhr, 6 Uhr, ...
Kinder klopfen mit flachen Händen leicht auf ihre Wangen und gehen anschließend in die Position des Hasen (Seite 39).	Jetzt sehe ich einen Hasen, der im Garten hoppelt.
Kinder stampfen mit Beinen, abwechselnd sehr fest auftreten, sogenanntes „Tackern" auf der Stelle.	Ich will den Hasen treffen und laufe ganz schnell die Treppe hinab.
Kinder gehen in die Position Sonne (Seite 43).	Jetzt bin ich im Garten und werde von der Sonne erwärmt.

Diese Geschichte kann beliebig verändert werden. Wichtig ist, die Bewegungen der Geschichte so zu wählen, dass die Muskeln erwärmt werden und die Wirbelsäule in verschiedene Richtungen gedehnt wird. Die Gedanken sind komplett bei einem selbst, die Körperwahrnehmung und das Spüren des eigenen Körpers stehen im Vordergrund. Die Müdigkeit ist durch diese kleine Übung komplett überwunden. So kann sich dem Unterrichtsgeschehen wieder mit neuer Energie gewidmet werden.

Folgende Übungen aus dem Yoga lassen Kinder wieder munter und frisch werden:

Vorwärtsbeuge im Sitzen

So kommst du in die Position:
Sitze kerzengerade! Stelle dir jetzt vor, dass sich an deinem Kopf ein durchsichtiger Faden befindet, der dich aufrichten lässt. Ziehe nun an dem Faden, sodass dein Rücken gerade ist. Deine Beine sind so gut wie du kannst gestreckt. Hebe nun deine Arme und strecke sie gerade weit nach oben, beuge dich nach vorne. Versuche, deinen Rücken gerade zu lassen und spüre, wie deine Rückseite der Beine gedehnt wird.

Die Rutsche

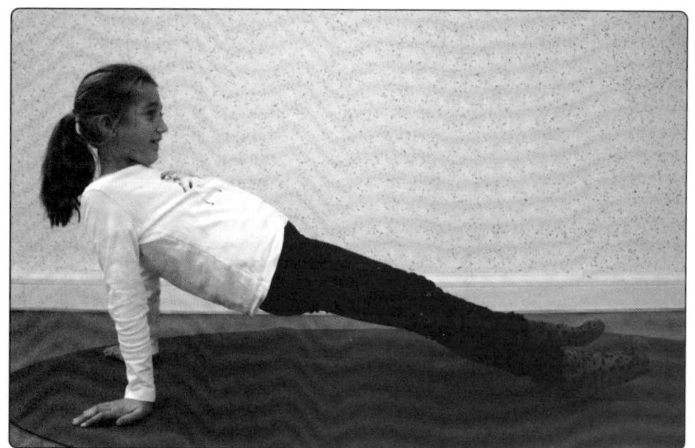

So kommst du in die Position:
Sitze gerade und strecke deine Beine aus. Stütze dich auf deine Hände und stelle dir vor, dass sich in deiner Halskuhle eine Murmel befindet. Drücke dich nun nach oben und versuche dich so zu strecken, dass diese Murmel über deine Körpervorderseite rollen könnte. Atme tief ein und setze dich wieder ab.

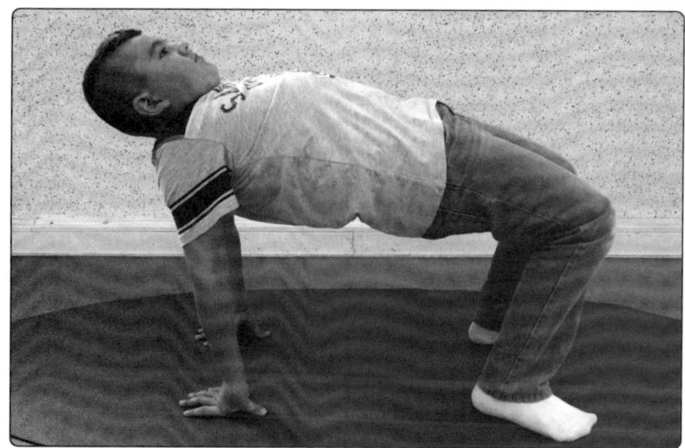

Als Alternative kann eine Variation der Rückbeuge, der **Tisch**, eingenommen werden. Die Fingerspitzen können nach innen gedreht werden.

Anmerkung: Nach der Vorwärtsbeuge bietet sich diese Position als Gegenbewegung an. Sie wirkt sehr erfrischend.

Nasen-Wechsel-Atmung (Nadi Sodhana)

Bei der Wechselatmung wird abwechselnd durch das linke bzw. rechte Nasenloch geatmet, um die beiden Polaritäten Ha und Tha zu verbinden. Die Sonne ist die männliche, kraftvolle Energie (rechtes Nasenloch) und der Mond die weibliche und aufnehmende Energie (linkes Nasenloch).

Für jüngere Kinder (bis 7 Jahre) kann eine Vorübung zur Wechselatmung stattfinden: Die Kinder sitzen im Schneidersitz und verschließen mit dem rechten Daumen zuerst das rechte Nasenloch. Die linke Hand ruht dabei auf dem Oberschenkel. Sie nehmen 5–10 Atemzüge gleichmäßig fließend durch das linke Nasenloch. Anschließend wird die Übung auf der anderen Seite wiederholt, wobei das linke Nasenloch mit dem linken Daumen verschlossen wird. Die rechte Hand ruht dabei auf dem Oberschenkel.

Ich halte immer bei der rechten Seite eine gestaltete Sonne als Zeichen der Energetisierung hoch und auf der linken Seite das Gegenteil, den Mond. Diese Gegensätze existieren in vielen Beispielen und gehören wie Tag und Nacht zusammen.

Ab etwa 8 Jahren können Kinder diese Wechselatmung ohne Luftanhalten üben.

So gelingt dir diese Atemübung:
Wechsel mit den beiden Daumen. Zuerst wird das eine Nasenloch verschlossen und dann das andere; halte dabei die Ellbogen ruhig. Dein Energietank ist nun wieder aufgefüllt.

Shaken der Hände, Arme, Beine und Füße: sich schütteln oder abklopfen

So gelingt dir diese Übung:
Stell dich aufrecht hin und beginne, wie ein Gummimensch deine Gliedmaßen von dir zu strecken.

Anmerkung: Anspannungen entladen sich sofort; die Bewegung bewirkt, dass Leben in den müden Körper kommt. Manchmal nutze ich Musik dazu. Es funktioniert jedoch auch nur durch Ansage, welche Körpergliedmaßen geschüttelt werden sollen.

Kerzenübung – Trataka

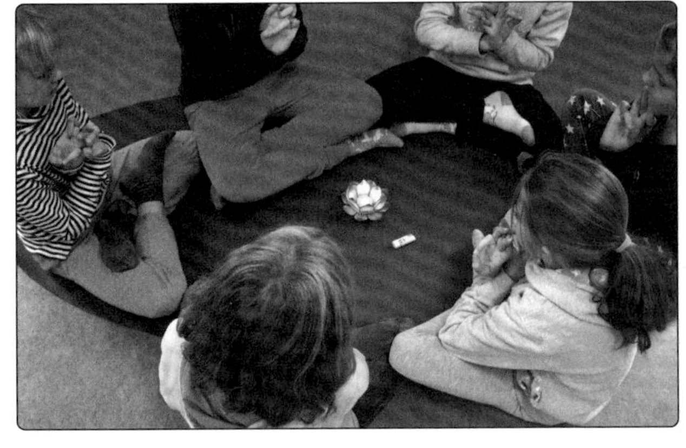

Diese Übung wird schon in der Hatha Yoga Pradipika erwähnt; eine ideale Übung für den Unterricht, weil sie die Müdigkeit vertreibt und die Sehkraft unterstützt. Dabei sitzen die Kinder um eine Kerze und versuchen, in die Flamme zu schauen, ohne dabei zu blinzeln. Oft wird dies als „um ein Lagerfeuer sitzen" bezeichnet. Es kann eine Indianergeschichte erzählt oder lediglich leiser Musik gelauscht werden. Je nach verfügbarer Zeit kann eine Übung aus dem Herzbildungsunterricht mit eingebaut werden: „Schicke das Licht gedanklich oder sprachlich in ein fremdes Land oder an einen Menschen aus deiner Familie mit einem Wunsch: Ich schicke das Licht an ..., damit ..."

5.4.2 Wie finde ich Balance?

Im Unterricht der Grundschule sind Gleichgewichtsübungen sehr wichtig, da Kinder zur eigenen Mitte kommen, wenn sie sich bewusst auf das Halten der Balance konzentrieren. Diese Erdung ist für die psychische Stabilität wichtig. Die groß angelegte Studie „Schnecke – Bildung braucht Gesundheit"[3] konnte sogar nachweisen, dass ein guter Gleichgewichtssinn die schulische Leistungsfähigkeit von Kindern verbessert. Folgende Übungen baue ich deshalb regelmäßig in den Unterricht mit ein:

[3] Studie 2014, Untersuchung mit 8000 Schülern aus Hessen, www.familie.de

Der Baum

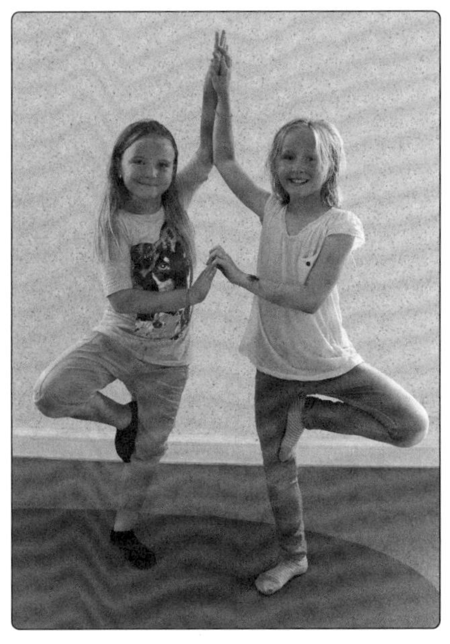

Der Baum ist für fast alle Schüler die intensivste Gleichgewichtsübung. Sie kräftigt die Fuß- und Beinmuskulatur. Je regelmäßiger die Kinder den „Baum" üben, desto sicherer und stabiler werden sie. Wichtig ist, dass diese Übung mit beiden Körperseiten abwechselnd durchgeführt wird. Es ist hilfreich, einen Fixierpunkt, also einen unbewegten Punkt, zu haben. Deshalb haben wir in unserem Klassenzimmer einen kleinen, kunterbunten Pappmaschee-Baum in die Mitte gesetzt. Im Laufe des Schuljahres habe ich den Kindern zudem Bildkärtchen von Baumarten gegeben. So haben wir 24 verschiedene, auch unbekanntere Bäume (Pappel, Eberesche, Robinie ...) im Klassenzimmer. Dank der Fixierpunkte gelingt es vielen Kindern besser, die Gleichgewichtsposition zu halten, da sie sich mit ihrer Baumart identifizieren konnten. Das gegenseitige Stützen durch Partnerbäume oder unseren Klassenbaum fördert ebenso das soziale Miteinander.

Anmerkung: Weg in die Position siehe Seite 18. Ich leite unter anderem noch zusätzlich an: „Wenn du dir Kraft holen willst, verwurzle dich tief und fest in der Erde. Spüre so die Kraft! Hast du einen Lieblingsbaum? Lehne dich an den Stamm und spüre, wie gut er dich halten kann."

Das Boot

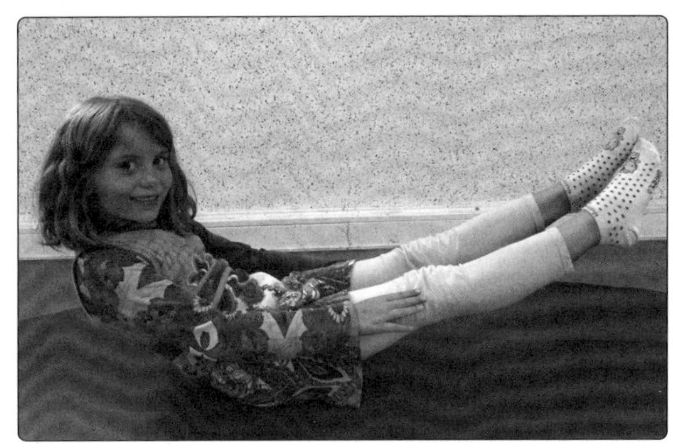

In dieser Übung wird nicht nur die Bauchmuskulatur der Kinder gestärkt, sondern auch in spielerischer Form das Gleichgewicht verbessert. Oft entstehen Schaukelbewegungen, da das Gleichgewicht in der Regel nicht lange gehalten werden kann, sodass nebenbei die Wirbelsäule massiert wird. Für Erfolgserlebnisse sollten die Kinder zunächst die Hände als kleine Stütze hinter sich platzieren. Meist lenke ich die Schüler von dieser Anstrengung ab, indem wir das Lied singen „Jetzt fahren wir über den See". Oder ich erzähle ihnen eine kleine Geschichte vom Bootfahren oder die Kinder berichten von ihren erlebten Bootsausflügen.

5.4.3 Wie kann ich entspannen?

Die Kinder sollten nach einer anstrengenden Phase entspannen. Man unterscheidet zwischen einer aktiven und einer passiven Entspannung. Bei unruhigen Kindern und Erstklässlern sollte man zunächst mit einer aktiven Entspannungsphase einsteigen. Die erste Übung hilft dabei, dass die Kinder Dampf ablassen. Dazu sitzen die Kinder im Schneidersitz und beginnen mit Zischlauten wie „ssss", also wie eine Schlange zu zischen. Anschließend legen sie sich nach hinten ab und spüren nach. Wichtig dabei ist, dass die Lehrkraft stets die gleichen Übungen ansagt, damit der Körper die Abfolge abspeichern kann und somit ein schnelleres Einsteigen in die Entspannungsphase gegeben ist.

Die progressive Muskelentspannung ist ebenfalls eine Möglichkeit der aktiven Entspannung.

Bei der passiven Entspannung befinden sich die Kinder liegend auf dem Boden und schließen die Augen. Sie lenken die Aufmerksamkeit auf die einzelnen Körperteile, die die Lehrkraft nennt, z. B. „Spüre deine Beine, wie sie auf dem Boden liegen, stell dir vor, sie würden ganz schwer werden, ..."

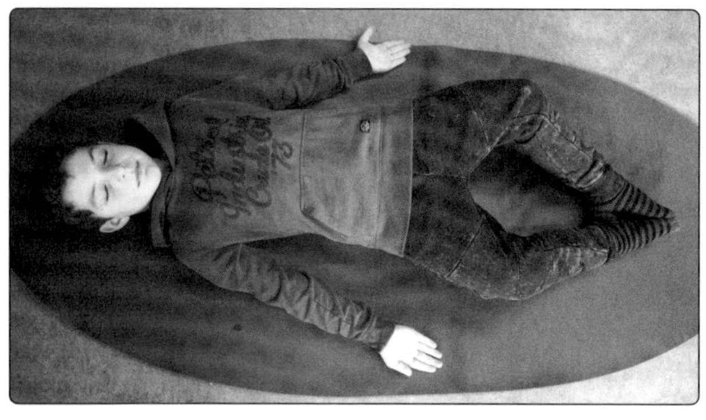

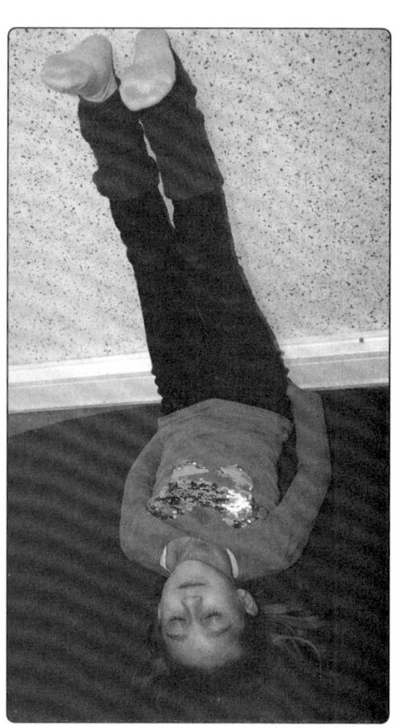

Oft liegen die Kinder meiner Klasse auf dem Rücken und winkeln die Beine zu Schmetterlingsflügeln an; die Arme liegen dabei neben dem Kopf.

Empfehlenswert ist auch folgende Übung, die nicht anstrengend ist: An einer freien Wand im Klassenzimmer platzieren die Kinder ihren Po sehr nah an die Wand und legen ihre Beine bequem daran ab. Die Handflächen sollen offen gehalten werden. Ich erkläre dann, dass nun in dieser Haltung der gesamte Körper wie ein Computer mit all seinen Programmen herunterfährt.

Meine Schüler entspannen am besten bei Yogamusik von Snatam Kaur, mit einem Lavendelduft-Augensäckchen, mit Yogacreme, mit Primavera-Duft oder wenn ich Ihnen etwas vorlese oder frei erzähle. Auch Fantasiereisen können stille Momente bewusst herstellen und helfen, tiefer in die Entspannung zu kommen.

Der Ritter

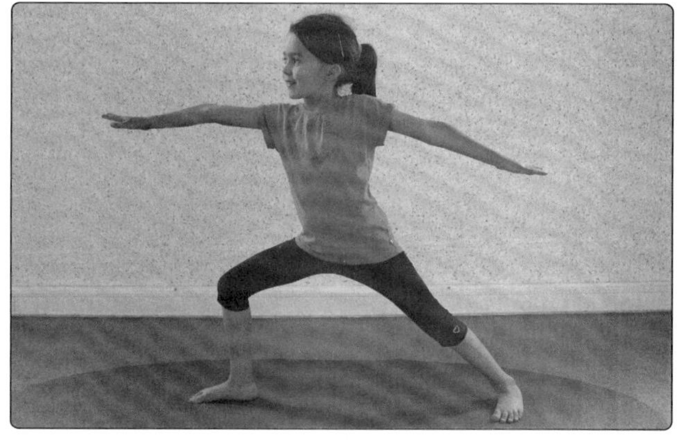

Anmerkung: Diese Position stärkt und kräftigt die hintere Bein- und Rückenmuskulatur. Durch die seitliche Brustdehnung kann zudem der Atem vertieft werden. Für die Entspannung ist entscheidend, dass das vegetative Nervensystem angeregt wird.

So kommst du in diese Position:
Stelle dich in eine breite Grätsche. Der linke Fuß zieht nach vorne, der rechte Fuß etwas nach außen. Beuge nun das rechte Knie. Strecke die Arme in Schulterhöhe zur Seite aus und ziehe die Arme richtig fest auseinander. Spüre wie es ist, ein mutiger Ritter zu sein.

Bienen-Atmung

Anmerkung: Bhramari ist eine Atemübung, die mit Bienenatmung/Bienenton übersetzt wird. Dabei wird beim Einatmen ein schnarchendes Geräusch erzeugt, beim Ausatmen ein Summton. Kinder lieben Bhramari und können so auch spielerisch ihre Stimme kultivieren. Durch die „Yoga-Biene" entwickeln Kinder auch ihre Lungenkapazität, der Rücken wird gedehnt und die gesamte Muskulatur wird gekräftigt. Die Stimme wird melodiöser und kraftvoller.

So kommst du in die Position:
Stelle dich aufrecht hin, breite die Arme seitlich auf die Höhe der Schultern aus. Jetzt gehe etwas in die Knie und strecke den Po nach hinten, als ob du dich auf einen kleinen Stuhl setzen willst. Bewege Hände und Finger, als ob du fliegen würdest. Summe wie eine Biene.

5.4.4 Wie baue ich Nervosität ab?

Besonders vor Auftritten bei verschiedenen Festen oder bei Lernzielkontrollen ab der zweiten Jahrgangsstufe spüre ich die Nervosität der Kinder. Um diese Anspannung abzubauen, beginne ich oft mit einer Bewegungsübung, wie einfaches rhythmisches Klatschen und Nachklatschen sowie Patschen. In der ersten Klasse gebe ich oft einen Rhythmus vor, indem ich eine Melodie klatsche, auf den Oberschenkel patsche, mit dem Fuß stampfe oder schnipse. Wenn die Kinder die Rhythmen verinnerlicht haben, lasse ich sie selbst einen Rhythmus vorklatschen. Dies lenkt von der eigentliche Nervosität ab. Diese kurze Übung kann Kindern helfen, sich komplett auf die kommende Situation einzulassen.

Außerdem gibt es folgende hilfreiche Übungen:

Der Schmetterling

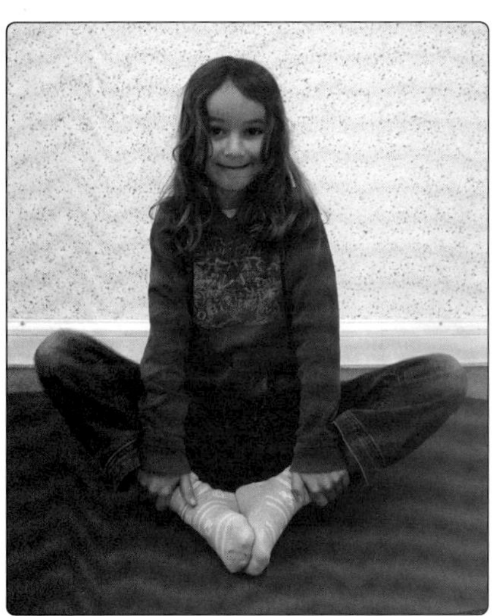

Oft zeigen Kinder ihre Anspannung und Nervosität durch ein „Hin- und Her-Bewegen" auf dem Stuhl, durch ein Wippen oder sie tippen mit den Beinen auf den Boden. Der Schmetterling bietet hier den perfekten Ausgleich, denn die gleichen Bewegungsimpulse können hier vollzogen werden. Die Wirbelsäule wird flexibel und die Hüfte gelockert. Außerdem werden die Arm- und die Rückenmuskulatur gestärkt.

So kommst du in die Position:
Sitze gerade auf dem Boden, ziehe nun deine Beine ganz nah an dich heran und lege die Fußsohlen aneinander. Halte mit deinen Händen deine Füße fest und bewege die Knie auf und ab. Fühle dich wie ein Schmetterling und fliege von Blüte zu Blüte.

Happy Baby

Diese Übung erinnert an die Schaukelbewegungen eines Babys und gibt den Kindern Struktur und Zentrierung zurück. Die Berührungen an der Wirbelsäule wirken wie eine kleine Massage.

So kommst du in die Position:
Lege dich auf den Rücken und strecke Arme und Beine weit nach oben. Winkele nun deine Beine so weit an, dass du die Füße von außen greifen kannst. Schaukel vorsichtig nach links und rechts auf deinem Rücken, so wie es dir gut tut.

6. Praktische Übungseinheiten im grundlegenden Unterricht in den verschiedenen Fächern

6.1 Deutsch

6.1.1 Einführung des ABC mit Yoga-Asanas (ab Klasse 1)

In der 1. Klasse kann der Buchstabenlehrgang fibelunabhängig durch Yoga-Stellungen ergänzt und bereichert werden. Zu jedem Buchstaben wird passend zum Anlaut eine Yoga-Asana eingeführt.

Bei mir bekommt jeder Erstklässler einen Ordner, mit dem ich mit den Fibel-Identifikationsfiguren Mimi, Yogami und Oups aus dem Herzbildungsunterricht den gesamten Lehrgang mit diversen Schreibübungen, phonologischen Bewusstheitsübungen und Lesetexten durchführe. Selbstverständlich kann auch nur ein Schnellhefter (Yoga-Mappe) angelegt werden, der eine kurze Anleitung mit den beschriebenen Wirkungen sowie Bilder der Asanas beinhaltet.

Die folgenden ausführlichen Beschreibungen sind für die Lehrerhand gedacht.

Bild	So kommst du in die Position	Wirkung dieser Asana	Interessantes für den Unterricht
A wie **Affe**	Ausgangsstellung ist die **Berghaltung/der aufrechte Stand**. Balle deine Hände zu Fäusten und trommle mit ihnen auf die Brust. Brülle dabei laut „Uahhh!“ Beim Affentanz berührst du mit der Hand diagonal dein Knie.	Der Atem wird gekräftigt. Durch das Klopfen auf die Thymusdrüse wird das Immunsystem angeregt. Der Affentanz fördert die Körperkoordination und kräftigt die Beine.	Affen sind von allen Tieren den Menschen am ähnlichsten, besonders die Familie der Menschenaffen. Dazu zählen auch die Gorillas aus dem tropischen Afrika. Aufrecht stehend misst ein ausgewachsenes Gorilla-Männchen bis zu zwei Meter und bringt 220 Kilogramm auf die Waage.
B wie **Biene**	Ausgangsstellung ist **der aufrechte Stand**. Beuge die Knie und achte darauf, dass sie nicht zusammenkommen, sondern den Abstand deiner Hüftgelenke behalten. Beuge gleichzeitig den Oberkörper aus den Hüftgelenken heraus vor und lege den Brustkorb auf den Oberschenkeln ab. Die Fußsohlen bleiben fest am Boden, die Oberschenkel parallel zueinander. Breite die Arme seitlich auf Schulterhöhe aus, schüttel deine Hände aus den Handgelenken heraus und summe wie eine Biene.	Der Rücken wird gedehnt, die Handgelenke ausgelockert, die Atmung wird gekräftigt. Durch das Summen beruhigt sich das gesamte Nervensystem.	*Bienensummen: **Bhramari*** Zur Beruhigung: Setze dich auf den Boden, winkle die Knie an und lege die Ellbogen auf die Knie. Schließe nun mit den Fingern die Augen und mit den Daumen die Ohren. Summe wie eine Biene „Mmmmmmmh“ und beobachte das Gefühl in deinem ganzen Körper.
C wie **Chamäleon**	Du liegst auf dem Rücken und streckst die Arme in Schulterhöhe zur Seite. Beuge die Unterarme, die Handflächen zeigen nach oben. Lasse nun deine Knie nach rechts Richtung Boden sinken, während dein Kopf sich nach links dreht. Atme tief ein und aus, bevor du zur anderen Seite wechselst.	Die Oberschenkel werden gedehnt. Durch die Drehung können die beiden Gehirnhälften ausgeglichen werden. So wendig wie du nun bist, ist auch das **Chamäleon**.	Chamäleons wechseln die Farbe ihrer Haut, um sich zu tarnen. Dieses Reptil kann bis zu 8 Jahre alt und 20–25 cm groß werden. Chamäleons kommunizieren über die Farbe, dunkel heißt Angriff! Ihre Augen können sich unabhängig voneinander bewegen.

Bild	So kommst du in die Position	Wirkung dieser Asana	Interessantes für den Unterricht
D wie **Delfin**	Lege dich auf den Rücken und stelle die Fußsohlen in Hüftbreite so auf, dass die Fersen möglichst nahe am Po sind. Lege die Arme eng an den Körper. Die Handflächen zeigen nach unten. Mit dem Einatmen hebst du das Becken und den Rücken hoch, nur die Schultern bleiben auf dem Boden. Atme in dieser Stellung tief in den Bauch, bevor du deine Wirbelsäule langsam nach unten auf den Boden legst. Spüre dabei jeden Wirbel.	Der Oberschenkelmuskel wird gedehnt, Gesäß- und Rückenmuskulatur, vor allem die tieferen Schichten des unteren Rückens, werden gestärkt. Der gesamte Brustraum öffnet sich. Das Herz wird weit geöffnet.	Delfine sind intelligente Dinge. Sie können bis zu 50 Jahre alt werden und bis zu 350 kg wiegen. Sie jagen immer gemeinsam im Verbund und kommunizieren über schrille Pfeiftöne. Bis zu 80 km/h schnell sind sie im Wasser unterwegs (schnellste Lebewesen unter Wasser). Delfinbabies bleiben 13 Monate im Bauch der Mutter.
E wie **Elefant**	Ausgangsstellung ist **der aufrechte Stand**. Fasse mit dem rechten Daumen und dem Zeigefinger an die Nase, lege den linken Arm in die rechte Armbeuge und schwinge hin und her, stapfe dabei mit den Füßen. Dehne zum Tröten den linken Arm nach oben. Beuge dich dann mit gestrecktem Rücken weit vor, sodass der „Rüssel" den Boden erreicht, ohne jedoch die Knie zu beugen. So werden die Rückseiten der Beine gedehnt.	Arme und Schultern werden gekräftigt. Mit der Vorwärtsbeuge können das Gehirn und die inneren Organe besser durchblutet werden, dadurch erhält man einen Energieschub. Diese Übung wirkt auch harmonisierend auf das gesamte vegetative Nervensystem. Durch diese Übung gelangt man in die Tiefe und zu einem Rückblick. Daraus kommt man mit neuer Kraft und innerem Frieden zurück und man wirkt positiv auf seine Mitmenschen.	Elefanten können bis zu 3,5 m groß und 60 Jahre alt werden und wiegen rund 5000 kg. Der afrikanische Elefant besitzt größere Ohren als der asiatische Elefant. Elefanten müssen täglich bis zu 200 kg fressen. Der Elefantenrüssel besteht aus 40 000 Muskeln, er dient sowohl als Nase wie auch als Greiforgan. Ein Babyelefant wiegt 100 kg!
F wie **Frosch**	Stelle dich in **den aufrechten Stand**. Setze deine Fersen aneinander und drehe die Fußspitzen nach außen. Hebe deine Arme seitlich über den Kopf und lege hier die Handflächen aneinander. Komme in eine Hockstellung, in der die Knie nach außen weisen. Beuge die Ellbogen und führe die aneinandergelegten Hände vor dein Brustbein. Das ist der sitzende Frosch. Strecke dich, indem du dich hochdrückst, sodass du wieder auf den Fußsohlen stehst und gleichzeitig deine Arme wieder über den Kopf streckst. Bei dieser Übung kannst du auch quaken wie ein Frosch und die Bewegungen einige Male abwechseln.	Die Beine werden gekräftigt, das Gleichgewicht wird geschult und durch das „Tönen" verlängert sich automatisch der Atem.	Der Frosch kann sehr weit und gezielt hüpfen. Dies liegt an seinem Körperbau: Sein Becken ist vollkommen entspannt und geöffnet und die Beine sind kraftvoll. Bevor er springt, konzentriert sich der Frosch auf den Punkt, an dem er landen möchte. Wenn du selbst springst, solltest du in dir diese Kraft spüren. Je beweglicher zu bist, desto weiter kannst du springen.

Bild	So kommst du in die Position	Wirkung dieser Asana	Interessantes für den Unterricht
G wie **Giraffe**	Stelle dich mit weit gegrätschten Beinen und ganz leicht gebeugten Knien hin. Deine Füße sind gut ausgebreitet, deine Zehen zeigen etwas nach innen und die Fersen nach außen. Mit den Händen stützt du dich nun auf dem Boden ab, wobei der Abstand zwischen deinen Händen so breit wie deine Schultern ist. Rücken und Nacken sind gerade. Stelle dir vor, dass dein Oberkörper der lange, bewegliche Hals der Giraffe ist, der nach vorne oder auch zur Seite wächst.	Die gesamte Beinmuskulatur wird gedehnt und gekräftigt, die Beweglichkeit der Hüfte wird geschult. Die Schüler lernen das richtige und aufrechte Sitzen: „nach unten geerdet und nach oben aufgerichtet". Die Durchblutung und die Atmung werden angeregt, die Schüler erhalten Energie.	Die Giraffe ist ein großes und friedliches Tier, ihre Bewegungen wirken sehr elegant. Dadurch erscheint sie sehr friedlich. Ihr Hals ist der längste Hals aller Säugetiere. Er besitzt nur 7 Halswirbel. Wenn eine Giraffe fressen oder trinken möchte, spreizt sie ihre Vorderbeine, um zum Boden zu gelangen. Ihr Fell besteht aus braunen Mustern. Jede Maserung eines Giraffenfells ist anders, wie ein menschlicher Fingerabdruck.
H wie **Hase**	Ausgangsstellung ist der **Fersensitz**. Verschränke deine Hände am Rücken ineinander und lasse sie hier locker hängen. Bewege deinen Oberkörper mit geradem Rücken nach vorn, bis die Stirn vor den Knien den Boden berührt. Dabei richten sich die Arme nach oben.	Durch die Vorwärtsbeuge wird der Kopf durchblutet und die Schultern und Arme werden gekräftigt. Diese Übung baut Stress ab und das Nervensystem wird positiv beeinflusst.	Hasen können bis zu 10 Jahre alt, bis zu 7 kg schwer und bis zu 75 cm groß werden. Die Ohren können bis zu 20 cm lang werden. Hasen sind Säugetiere, die aus 55 verschiedenen Arten bestehen. Sie sind nacht- und dämmerungsaktiv.
I wie **Igel**	Ausgangspunkt ist der **Fersensitz**. Die Hände sind mit dem Handrücken am Boden. Lass deinen Kopf langsam zum Boden sinken. Jetzt kannst du deine Handrücken auf den Rücken legen und die Finger als Stacheln nach oben aufrichten.	Diese Vorbeuge wirkt beruhigend. Die Hüfte wird gebeugt und man spürt, wie sich die Rippen beim Atmen auseinanderbewegen; die Zwischenrippenmuskeln sind dabei aktiv.	Igel sind Säugetiere und werden bis zu 4 Jahre alt. Übersetzt aus dem Griechischen bedeutet Igel „Schlangenfresser". Ein im Garten gefundener Igel darf niemals mit Milch gefüttert werden, da Igel keinen Milchzucker vertragen.

Bild	So kommst du in die Position	Wirkung dieser Asana	Interessantes für den Unterricht
J wie **Jagdhund** 	Ausgangsstellung ist der **Vierfüßlerstand**. Der Rücken ist gerade und parallel zum Boden gerichtet. Spreize deine Finger und richte sie nach vorn aus. Drücke die Handflächen fest an den Boden, stelle die Zehen auf und dehne deinen Po nach hinten oben. Strecke die Arme und Beine so gut es geht, dehne den Rücken und lasse das Brustbein nach vorne unten sinken.	Die Körperseite wird gedehnt und Arme und Beine werden gekräftigt. Man bekommt Energie, da der Kopf stark durchblutet wird. Die Schüler entdecken durch die Jagdhund-Haltung ihr Wesen und ihre Gefühle. Sie können sich und andere Menschen besser verstehen. *„Auch du solltest immer aufmerksam in dich hineinspüren, was mit dir gerade ist und was in deinem Körper passiert. Durch ein Öffnen, Loslassen und Wahrnehmen wirst du dich besser kennenlernen."*	Der Jagdhund hat wertvolle Eigenschaften, er ist treu, zuverlässig, gesellig, anpassungsfähig und er ist sehr lernfähig. Seine Sinne sind sehr ausgeprägt, denn er benötigt sie zur Jagd. Menschen und Hunde verstehen sich durch Körperhaltungen und bestimmte Verhaltensweisen.
	Variation: Der Hund hechelt und bellt Setze dich auf deine Fersen, strecke den Rücken und lege die Handflächen neben den Knien auf den Boden. Strecke die Zunge heraus und hechle wie ein Hund. Richte dich dann in den Kniestand auf, stelle die Unterarme in eine Senkrechte und lasse die Handflächen nach unten abklappen. Belle dazu einige Male und senke den Po wieder an die Fersen zum Hecheln. Wechsele diese Stellungen einige Male ab.	Der Atem wird gekräftigt.	
	Du kannst außerdem „Gassi gehen" und dabei ein Bein heben.		

Bild	So kommst du in die Position	Wirkung dieser Asana	Interessantes für den Unterricht
K wie **Kamel**	Begib dich in den **Kniestand**. Öffne deinen Rücken nach hinten und mach mit deinem Oberkörper einen hohen, weiten Bogen erst nach oben und dann nach hinten unten. Stütze dich nun auf deine Fersen oder fasse sie. Deine Oberschenkel bleiben senkrecht. Dein Kopf bleibt mit langem Nacken und entspanntem Hals nach vorne gebeugt. Wichtig ist es nach dieser Übung eine Ausgleichsübung zu machen, damit deine Wirbelsäule in die Gegenbewegung kommt: Gehe in die Stellung des Kindes.	Der Vorderkörper wird vom Schambein bis unter das Kinn gedehnt. Der Brustkorb erhält Raum und wird geöffnet. Alle Körpersysteme werden durch diese Rückwärtsbeuge angeregt. Ein Gefühl der Gelassenheit und Stärke stellt sich nun ein. Konzentration und Geduld werden verbessert.	Kamele sind Last-und Reittiere, die in der Wüste bei Wasser- und Nahrungsmangel überleben. In ihren Höckern lagern sie nämlich Fett ein, das ihnen in Hunger- und Durstzeiten als Futter- und Wasserreservoir sowie als Kälte- und Wärmeschutz dient. 30 Tage können diese Tiere ohne Nahrung und bis zu 14 Tage ohne Flüssigkeit auskommen. Kamele können innerhalb weniger Minuten 100 Liter Wasser auf einmal trinken und einlagern.
L wie **Löwe**	Ausgangsstellung ist der **Fersensitz**. Rücke die Knie leicht auseinander und richte deinen Körper gut auf. Strecke die Arme vor, spreize die Finger auseinander, reiße die Augen und den Mund weit auf, strecke die Zunge heraus und brülle wie ein Löwe. Bei dieser Übung kannst du dich entspannen oder Wut hinausbrüllen.	Der Brustkorb wird aufgrund der tiefen Atmung geweitet, der Rücken wird gekräftigt, die Verdauung wird angeregt und die Nerven werden beruhigt. Gesichts-, Kinn- und Halsmuskeln sowie die Stimmbänder werden außerdem gekräftigt.	Der Löwe wird auch „König der Tiere" genannt, weil er stark und kräftig ist. Er lebt in Gruppen. Eine Löwengruppe besteht normalerweise aus 3 bis 4 Löwenmännchen, 15 Löwenweibchen und ihren Löwenkindern.
M wie **Maus**	Ausgangsstellung ist die **Kind-Haltung**. Du sitzt im Fersensitz und neigst deinen Oberkörper vor, legst ihn auf den Oberschenkeln ab und bringst die Stirn vor den Knien auf den Boden. Der Po bleibt auf den Fersen. Nun lege einen Arm neben dem Körper ab und die andere Hand auf den Po. Forme mit dem Zeigefinger ein Mäuseschwänzchen.	Der Kopf wird gut durchblutet. Diese Vorbeuge wirkt sehr entspannend und beruhigt das Gemüt.	Mäuse werden bis zu 3 Jahre alt, können bis zu 10 cm groß und bis zu 30 g schwer werden. Weiße Mäuse sind selten, da sie zu schnell von ihren nachtaktiven Feinden wie Marder, Katzen und Eulen gefressen werden. Eine Maus kann in ihrem Leben rund 100 Babys auf die Welt bringen: Pro Jahr hat sie ca. fünf bis acht Würfe mit jeweils drei bis sieben Tieren.

Bild	So kommst du in die Position	Wirkung dieser Asana	Interessantes für den Unterricht
N wie **Namaste**	Du stehst hüftbreit mit lockeren Knien, das Becken ist leicht nach vorne gekippt. Der Oberkörper ist aufgerichtet, der Nacken lang und du bist mit deinen Füßen fest am Boden verwurzelt. Falte deine Hände knapp vor der Brust, die Finger zeigen nach oben.	Dies ist eine Ruheposition.	Namaste ist aus der Sprache Sanskrit und bedeutet wörtlich so viel wie „Verehrung in dir". In weiten Teilen Asiens dient „Namaste" außerdem als Grußformel.
O wie **Om**	Setze dich in den **Schneidersitz** und atme tief ein. Bilde mit den Lippen den Buchstaben O. Lass mit dem Ausatmen ein O ertönen, mach dies dreimal. Schließe die Lippen und denke an dein Lieblingsessen. Du kannst auch die Zunge nach oben rollen und die Zungenspitze hinter die Zähne oder an den Gaumen legen. Denke an dein Essen und mache: „Mmm". Mache auch diesen Laut dreimal. Nun ziehe die beiden Laute (O und M) zusammen und töne dreimal ein „Ommm". Spüre, wie das Om durch deinen Körper tanzt und ein Gefühl von Glück und Frieden hervorruft.	Das „Om"-Singen führt zu innerer Ruhe und verhilft zu Freude. Man spürt ein angenehmes Pulsieren in Bauch, Brust, Kehle, Wirbelsäule, Stirn und Scheitel, da die sogenannten Chakren, die Energiezentren, angeregt werden. Das uralte Mantra wird seit der Antike dazu genutzt, um sich mit der universellen Lebenskraft zu verbinden.	„Om" besteht eigentlich aus den drei Klängen A, U und M und erzeugt beim Aussprechen sanfte Vibrationen im Körper. Es wird gesagt, dass diese geheimnisvolle Keimsilbe machtvolle Energien besitzt, deshalb wird sie auch als „Klang des Universums" bezeichnet.
P wie **Palme**	Stehe leicht gegrätscht und verwurzele dich fest auf dem Boden. Strecke die Arme seitlich hoch und falte die Hände über dem Kopf. Deine gestreckten Arme sind die Palmenblätter. Beuge dich zur Seite hinunter, deine Hüfte bleibt gerade nach vorne gerichtet. Wiederhole die seitliche Beugung deines Oberkörpers auf der anderen Seite.	Die seitlichen Rumpfmuskeln werden gedehnt und im seitlichen Brustraum wird die Atmung vertieft. Diese Übung kann einer seitlichen Wirbelsäulenverkrümmung entgegenwirken. *„Diese Übung zeigt dir, dass du in allen Lebenslagen, auch in neuen Situationen wie z. B. einen Klassenwechsel, gut zurechtkommen wirst. Du kannst dich anpassen und holst dir in der Mitte immer wieder Kraft und Mut für das, was kommt."*	

Bild	So kommst du in die Position	Wirkung dieser Asana	Interessantes für den Unterricht
Qu wie **Qualle**	Du bist im **Fersensitz**. Bewege die Knie weit zu den Seiten, die großen Zehen berühren sich. Die Fußrücken sind am Boden, der Rücken ist aufgerichtet und der Po auf den Fersen. Hebe dann deine Arme und beuge dich mit geradem Rücken vor. Setze die Hände vor dir auf den Boden, strecke deinen Rücken. Versuche, deine Hände so weit auf den Boden gleiten zu lassen, dass dein Körper zum Boden kommt und deine Stirn aufliegt.	Der Rücken und die Leisten werden gedehnt. In dieser Position kann man entspannen.	Eine Qualle kann bis zu 150 kg schwer, 4 Meter groß und bis zu 10 000 Jahre alt werden. Eine Qualle besteht zu 99 % aus Wasser. Die Qualle Turritopsis nutricula ist unsterblich. Alte Zellen werden regelmäßig wieder in ein jüngeres Stadium überführt.
R wie **Regenwurm**	Lege dich mit geschlossenen Beinen auf den Rücken, strecke deine Arme über den Kopf und lege sie dahinter ab. Mach dich ganz steif und rolle dich auf die Seite. Bleibe immer gut gestreckt und rolle zur anderen Seite.	Eine gute Körperhaltung und eine vertiefte Atmung werden durch diese Position erreicht. Die Herz- und Kreislaufaktivität wird erhöht und die Muskeln des Rückens werden gestärkt.	Ein Regenwurm wird bis zu 10 Jahre alt. Der gewöhnliche Regenwurm ist ein rotbraun gefärbter Ringelwurm. Er kann bis zu 30 cm lang werden.
S wie **Sonne**	Ausgangsstellung ist **der aufrechte Stand**. Grätsche die Beine, lasse aber die Zehen nach vorn gerichtet und drücke bewusst die ganze Fußsohle fest auf den Boden. Hebe die Arme seitlich und führe sie nach oben. Der rechte Arm bildet eine diagonale Verlängerungslinie zum linken Bein und der linke Arm bildet eine diagonale Verlängerung zum rechten Bein. Dehne die Fingerspitzen nach oben, lasse die Schultern dabei bewusst noch einmal sinken, spüre, ob die Füße noch fest am Boden stehen und dehne die Wirbelsäule in die Länge.	Der gesamte Körper wird gestreckt und gedehnt.	Die Sonne spendet unserem Sonnensystem Licht und Wärme. Sie macht damit Leben auf unserem Planeten möglich. Die Sonne ist Teil einer Galaxie – der Milchstraße. In 200 Millionen Jahren dreht sich die Sonne einmal um das Zentrum der Milchstraßengalaxie (mit einer Geschwindigkeit von etwa 220 Kilometern pro Sekunde).

Bild	So kommst du in die Position	Wirkung dieser Asana	Interessantes für den Unterricht
T wie **Tiger**	Du bist im **Vierfüßlerstand**. Strecke nun ein Bein in Verlängerung deines Rumpfes nach hinten, dehne den Nacken und beuge dann das Knie und den Rücken. Versuche, die Stirn und das Knie zusammenzuführen. Strecke das Bein wieder aus und dehne deinen Nacken, stelle dann das Knie zum Boden zurück und mache die Übung mit dem anderen Bein.	Die Wirbelsäule wird mobilisiert, die Arme, Schultern und Handgelenke werden gekräftigt und die Beine gedehnt. Bei der Tigerdehnung werden die Körperkoordination, Konzentration und Aufmerksamkeit geschult. Dazu kann man folgenden Sprechvers aufsagen: *„Der Tiger streckt sich, macht sich rund und sein Rücken bleibt gesund."*	Der Tiger ist eine große und starke Katze. Im Gegensatz zum Löwen lebt er meist als Einzelgänger. Nachts geht er auf die Jagd. Die meisten Tiger leben in Indien, in dem Land, in dem auch die Yoga-Übungen entstanden sind. Tiger bewegen sich leicht und geschmeidig und können weit springen.
U wie **U-Boot**	Ausgangspunkt ist der **Langsitz**. Winkle deine Knie an, fasse mit den Händen in die Kniekehlen. Lehne dich etwas zurück und löse langsam die Füße vom Boden. Du balancierst auf deinem Steißbein. Strecke die Arme und Beine.	Diese Übung kräftigt Bauch-, Rücken- und Schultermuskulatur und regt Nieren, Leber und Darm an. Die Mitte des Körpers wird trainiert und das Gleichgewicht wird geschult. Diese Übung stärkt die Willenskraft, denn sie erfordert Koordination und Kraft. Als Ausgleich für diese anstrengende Übung sollte die Asana Vorwärtsbeuge geübt werden.	
V wie **Vogel**	Ausgangsstellung ist **der aufrechte Stand**. Hebe beim Einatmen deine Arme seitlich auf Schulterhöhe und nimm sie so weit wie möglich nach hinten. Stelle dich gleichzeitig auf die Zehenspitzen. Führe die Arme beim Ausatmen vor dem Körper, bis sich die Handflächen berühren, und stelle dabei die Fersen auf den Boden zurück. Wiederhole diese Bewegungen einige Male und stelle dir dabei vor, hoch in die Luft hinaufzufliegen.	Zehengrundgelenke, Arm- und Beinmuskulatur werden gekräftigt und das Gleichgewicht wird geschult.	Vögel sind Wirbeltiere. Es gibt mehr als 9000 verschiedene Arten von Vögeln. Der kleinste Vogel ist der Kolibri (1,6 g schwer und 6 cm groß); der größte Vogel ist der Straußenvogel, der ca. 144 kg wiegen und mit ausgestreckten Flügeln bis zu 3 m groß werden kann. Die wichtigste Eigenschaft eines Vogels ist das Fliegen. Ausnahmen bilden Pinguine, der Strauß und der Eulenpapagei.

Bild	So kommst du in die Position	Wirkung dieser Asana	Interessantes für den Unterricht
W wie **Wolf**	Stelle dich in die Haltung des **Hundes**, der nach unten schaut. Bringe deinen Körper in die Haltung des **Brettes**. Bewege die Brustwirbelsäule in eine Rückbeuge. Hebe dabei den Blick und halte die Beine gestreckt über dem Boden. Heule wie ein Wolf.	Diese Kraftübung stärkt die Armmuskulatur und dehnt deine Körpervorderseite. Diese Variante des **heraufschauenden Hundes** hilft, einen heulenden Wolf kindgemäß zu imitieren.	Der Hund stammt vom Wolf ab. Dieser kann bis zu 12 Jahre alt, bis zu 60 kg schwer und 1,5 m groß werden. Um das Körpergewicht zu halten, muss ein Wolf täglich ca. 10 % seines Eigengewichts fressen. Ein 40 kg schwerer Wolf benötigt demnach 4 kg Fleisch pro Tag, das sind 1460 kg im Jahr.
X wie **X**	Lege dich auf den Rücken und strecke Beine und Arme wie beim Buchstaben X weit aus. Lasse Beine und Arme locker auf dem Boden liegen. Ziehe die Schultern weg von den Ohren und lege die Schulterblätter locker am Boden ab. Schließe deine Augen und lass dich tiefer auf den Boden sinken.	Das Nervensystem wird positiv beeinflusst, Stress wird abgebaut und der gesamte Körper wird harmonisiert. *„Von Mutter Erde getragen, kannst du in dieser Haltung loslassen, Körper und Geist entspannen und dich vollkommen fallen lassen. Wenn Gedanken kommen, schaue sie dir an und lege diese gedanklich in eine Wolke, die vom Wind weggepustet wird."*	
Y wie **Yoga-Sitz**	Setze dich in den **Langsitz**, ganz aufrecht, fasse den rechten Fuß, winkle das rechte Knie an und führe den Fußrücken hoch auf den linken Oberschenkel. Fasse dann den linken Fuß und lege den Fußrücken hoch auf den rechten Oberschenkel. Die Knie sinken seitlich zum Boden, dein Rücken ist aufgerichtet und deine Hände ruhen mit den Handrücken auf den Knien. Die Fingerkuppen der Daumen und Zeigefinger berühren sich.	Die Hüfte wird gelockert und die Oberschenkelmuskulatur gedehnt. Ehrgeiz ist fehl am Platz, wenn der Yoga-Sitz noch nicht funktioniert. Ein bequemer Schneidersitz ist besser als ein schmerzhafter Yoga-Sitz. Der Sitz ist ein perfekter Einstieg zum Einstimmen auf eine neue Unterrichtssituation. Vorher sitzen die Kinder im gewöhnlichen Schneidersitz und machen ein „Lümmelmonster". Das heißt, der Kopf kommt auf den Boden, der Rücken ist rund, anschließend ziehen sie den durchsichtigen Energiefaden, der sich am obersten Scheitelpunkt befindet, gerade nach oben und richten sich auf.	

Bild	So kommst du in die Position	Wirkung dieser Asana	Interessantes für den Unterricht
Z wie **Zebra**	Komme in einen **Ausfallschritt**. Der hintere Fuß ist leicht nach außen gedreht. Bringe nun deine Arme hinter den Rücken und umfasse die Ellbogen. Strecke deinen Rücken und beuge dich so weit, bis die Stirn das linke Bein berührt. Die Beine sind gestreckt. Wenn du die Position auflöst, stütze dich auf dem Oberschenkel ab.	Die Wirbelsäule wird flexibel. Die Beinrückseiten werden kräftig gedehnt und der Kreislauf angeregt. Die Gelenke der Arme und Schultern werden durch diese Position gekräftigt.	Zebras werden bis zu 35 Jahre alt. Sie können bis zu 40 kg schwer werden. Zebras sind reine Pflanzenfresser. Auf ihrem Speiseplan stehen Gräser, Kräuter, Blüten und Blätter. Sie werden wegen ihrer Fellfärbung weniger von Parasiten gestochen. Bereits ein Jahr nach der Geburt, haben Zebras ihre Endgröße erreicht.
Sch wie **Schmetterling**	Du setzt dich mit angewinkelten Beinen auf den Boden und legst deine Fußsohlen achtsam aneinander. Fasse nun mit beiden Händen deine Füße. Dehne die Knie nach außen und halte dabei deinen Rücken aufrecht. Jetzt drückst du die Knie mehrmals auf den Boden, lässt sie wieder hochkommen, drückst sie wieder hinunter und immer so weiter. Achte immer darauf, dass dein Rücken schön gerade bleibt.	Die Hüfte wird gedehnt.	Die Entwicklung der Schmetterlinge von einem Ei zur Raupe, von der Raupe zur Puppe und von der Puppe zum Falter ist einzigartig. Der Schmetterling durchläuft während seines Lebens also vier Phasen: Ei, Raupe, Kokon und Imago (Schmetterling). Aufgrund seiner Zartheit und Farbenpracht wird der Schmetterling sehr geschätzt. Er wird auch als Falter bezeichnet. Es gibt annähernd 200 000 verschiedene Schmetterlingsarten. Manche Schmetterlinge leben nur einige Tage. Der Pfauenspinner etwa nimmt in diesem Stadium keine Nahrung mehr zu sich und verhungert.
Eu wie **Eule**	Du bist im **Schneidersitz**, richtest dich mit dem Ziehen am Energiefaden nach oben auf und greifst mit einer Hand an die gegenüberliegende Schulter. Die andere Hand befindet sich dabei hinter deinem Rücken zum Abstützen. Drehe vorsichtig deinen Kopf zu der Hand auf der Schulter. Auch als Partnerübung geeignet.	Die Durchblutung wird angeregt, dies macht wach. Der Nacken und die Halswirbelsäule werden entlastet, Kopfschmerzen können vorgebeugt und die Konzentration gefördert werden. Die Partnerübung gleicht Rundrücken und Hohlkreuz aus.	Eulen sind für ihre Intelligenz bekannt. Ihre Augen sind sehr gut und ihre Ohren machen sie zu guten Jägern. Ihre Augen sind unbeweglich, jedoch können Eulen eine beinahe vollständige Drehung mit dem Kopf machen. Sie werden bis zu 25 Jahre alt und bis zu 70 cm groß.

Bild	So kommst du in die Position	Wirkung dieser Asana	Interessantes für den Unterricht
Pf wie **Pferd**	Vom **Vierfüßlerstand** aus legst du die Stirn zwischen den Händen auf den Boden. Grätsche die Ellbogen und verschränke die Finger. Deine Handflächen befinden sich auf dem Boden. Nun stütze dich auf die Unterarme. Wenn du deinen Oberkörper hochdrückst, stehst du auf deinen Zehen. Wiehere wie ein Pferd.	Die Muskeln der Arme und Schulter werden gekräftigt und der Kopf sehr gut durchblutet, sodass man wieder Energie hat. Die Wirbelsäule bleibt beweglich.	Pferde können bis zu 50 Jahre alt werden und 1200 kg schwer. Durch ihre seitlich liegenden Augen haben Pferde fast einen vollständigen Rundumblick. Ebenso können sie ihre Ohren nach hinten klappen. Daher ist es fast unmöglich, sich unbemerkt an ein Pferd heranzuschleichen. Ein Pferd unter 1,48 m nennt man Pony.
St wie **Storch**	Ausgangsstellung ist **der aufrechte Stand.** Breite die Arme seitlich auf Schulterhöhe aus und dehne sie über die Fingerspitzen zu den Seiten. Hebe das rechte Knie hoch, bis der Oberschenkel waagerecht und der Unterschenkel senkrecht zum Boden gerichtet ist. Dabei kannst du tief einatmen. Strecke dann das rechte Bein nach vorn aus, halte es möglichst parallel zum Boden und dehne auch die Fußsohle nach vorn. Führe die Arme gestreckt auf Schulterhöhe nach vorn, bis sich die Handflächen berühren. Atme dabei aus. Lasse den Atem einströmen, wenn du die Arme wieder ausbreitest und das Knie anwinkelst. Senke beim Ausatmen die Arme und stelle die Fußsohlen zum Boden zurück.	Das Gleichgewicht und die Bewegungskoordination werden geschult und die Arme und Beine gekräftigt.	Ein Storch kann bis zu 30 Jahre alt, 140 cm groß und bis zu 8 kg schwer werden. Der Storch zählt zu den Schreitvögeln und ist weltweit mit 19 Arten vertreten. Störche verständigen sich untereinander nicht mit Lauten, sondern durch lautes Geklapper ihrer Schnäbel. Störche sind gemeinhin als Zugvögel bekannt, tatsächlich leben die meisten Arten jedoch ortsgebunden. Das Gefieder nahezu aller Arten erscheint in unterschiedlichen Schattierungen von Weiß und Schwarz.
Ei wie **Eisbär**	Komme in den **Fersensitz.** Schiebe dann die Knie weit auseinander, sodass die Zehen der beiden Füße einander berühren. Beuge den Oberkörper aus der Hüfte heraus nach vorne und schiebe den Brustkorb über den Boden. Lege das Kinn auf den Boden und falte deine „Tatzen" über der Nase zusammen, damit sie warm bleibt.	Die Hüfte wird gedehnt. Laut Yoga-Lehre befinden sich dort die Sorgen, die nun wahrgenommen und thematisiert werden können. Nasenberührungen zeigen soziale Kompetenz.	Eisbären werden bis zu 25 Jahre alt und bis zu 300 kg schwer. Das Fell eines Eisbären ist besonders dicht und wasserabweisend. Zusätzlich schützt den Eisbären eine dicke Fettschicht vor der Kälte. Eisbären teilen sich oft ihre Beute: Sie kommen langsam aufeinander zu, umkreisen das erlegte Tier und begrüßen sich dann zaghaft mit den Nasen.

6.1.2 Bilderbücher zum Leben erwecken (Am Beispiel von „Der Grüffelo")

Im Deutschunterricht nutze ich oft Bilderbücher, um bei meinen Schülern zunächst die Freude am Lesen zu wecken und/oder aufrechtzuerhalten. Mit Yoga verknüpft heißt das, dass sich besonders Bilderbücher anbieten, in denen verschiedene Tiere des Waldes, der Wiese oder der Hecke auftauchen. Die Kinder hören den Namen des Tieres bzw. Objektes oder entdecken es im Buch und kommen in die Yoga-Position, dabei werden Kopf und Körper gleichzeitig trainiert. Ich habe bemerkt, dass der Inhalt der Bilderbücher durch den Einsatz von Yoga längerfristig im Gedächtnis der Schüler bleibt. Die Yoga-Positionen sollten bereits vorher mit den Schülern besprochen werden.

Für die Umsetzung gibt es unterschiedliche Herangehensweisen. Die Geschichte kann komplett oder nur in Abschnitten vorgelesen werden; Szenen können nachgespielt, eine Haltung zu dem jeweiligen Tier eingenommen, gezeichnet oder gemalt werden. Ab der 2. Klasse erfinden die Kinder gerne neue Positionen oder sie üben die Position mit einem Partner in kreativer Weise.

Beispiel: Bilderbuch „Der Grüffelo" von Axel Scheffler/Julia Donaldson

Ziel ist es, die Tiere in „Der Grüffelo" durch Yoga-Asanas darzustellen.

Einstieg	Unterrichtsgespräch: • Welchen Tieren des Waldes bist du schon einmal begegnet? • Welche Bäume kennst du, welche wachsen bei uns im Wald? Kinder berichten und kommen in verschiedene Baumdarstellungen (Einzelarbeit/Partnerarbeit wie Tannenbäume).  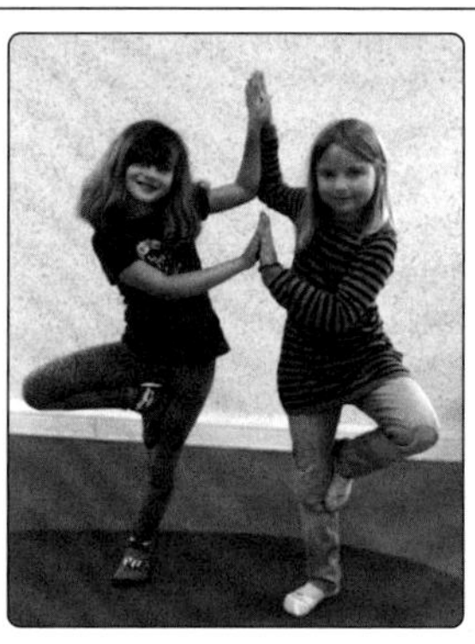
Erarbeitung	Bevor das Bilderbuch vorgelesen wird (durch Lehrkraft oder Schüler), erwärmen sich die Kinder mit einem kleinen, von der Lehrkraft angeleiteten Sonnengruß (Muskulatur dehnen, Einstimmen auf die Thematik). Mögliche Anleitung (**fett markiert** sind die Yoga-Positionen): *„Ich grüße die **Sonne** und verneige mich vor der **Erde**, ich laufe zurück und bin ein **Hund**; vom Hund kann ich mich in einen **Salamander** verwandeln und eine Mücke mit meiner Zunge fangen (**bewegte Bretthaltung**). Aus dem Salamander werde ich zu einem **Fuchs** und dann wieder zu einem **Hund**."* Eine Liste der Yoga-Positionen finden Sie ab Seite 37 sowie ab Seite 61.
Atemübung	Nach dieser anstrengenden Phase folgt die Atemübung **„Die aufgehende Blume"**. Dabei sitzen die Kinder im Schneidersitz und formen ihre Hände zu einer Knospe. Mit dem Einatmen ziehen sie die Blüte über ihren Kopf und öffnen die Knospe zu einer strahlenden Blume. Dieses wird dreimal hintereinander wiederholt. Dadurch sind die Kinder wieder aufmerksam und können der Geschichte lauschen und Bilder dazu betrachten. Die Übung **„Denkmütze"** kann ebenso die Konzentration fördern.

Übungen	Die Lehrkraft oder ein Schüler liest das Buch „Der Grüffelo" vor. Während die Kinder in den Asanas sind, wird kurz innegehalten. Dann wird ein weiterer kleiner Absatz des Buches vorgelesen. Nebenbei kann der Lehrer auch Wissenswertes zu den jeweiligen Tieren berichten (siehe Kapitel 5). Folgende Tiere tauchen in diesem beliebten Bilderbuch auf: **Fuchs** (Yoga-Position siehe Seite 64): Ein besonders schlaues Raubtier, verwandt mit dem Hund und dem Wolf, deshalb ist diese Position das Brett. **Eule** (Yoga-Position siehe Seite 64): In Deutschland lebt die Schleiereule, sie brütet gerne in alten Burgen oder Kirchen und frisst gerne Mäuse. **Schlange** (Yoga-Position siehe Seite 63): Kobra genannt, frisst sogar große Tiere, kann nach einer Mahlzeit 2–3 Monate ohne Essen auskommen, sie besitzt kein Außenohr wie wir Menschen, sondern hört durch Vibration mit ihrem Kiefer. **Maus** (Yoga-Position siehe Seite 41): Sie ist klein und flink und wird nur 4 Jahre alt. **Vogel, Schmetterling, Käfer, Frosch** etc. … tauchen ebenso auf. Aber auch **Pilze, Wurzelgeflecht** etc. können als Yoga-Positionen geübt werden. Die Hauptfigur, der Grüffelo, sollte von den Kindern selbst erfunden werden (siehe Bild). Erfahrungsgemäß wird der Grüffelo in Partnerarbeit geübt.   Kinder gehen in die genannte Position und erzählen, wie sie sich fühlen. *„Welches Tier würdest du gerne sein und warum?"* Der Grüffelo wird mit Yoga-Asanas umgesetzt. 
Sicherung	Der Sinn des Bilderbuches wird im Anschluss nochmals im Klassenverband aufgegriffen. Die Stärkung des Selbstbewusstseins und die Assoziation mit den Stärken anderer werden auf die Situation in der Klasse übertragen.

6.1.3 Allgemeine Rechtschreibstunde (ab 2. Klasse)

Auch im kompetenzorientierten Rechtschreibunterricht kann Yoga unterstützend eingesetzt werden. Kompetenzorientierung erreiche ich, indem ich meine Unterrichtsplanung nicht mehr produkt-, sondern prozessorientiert angehe und indem ich meinen Fokus auf das Erreichen des Ziels richte.

Am Ende der 1. Klasse gründlich und gewissenhaft eingeführt, kann ich in der 2. Klasse auf ritualisierte Übungen für die gesamten Rechtschreibfälle zurückgreifen. Ich lege großen Wert auf Schüleraktivierung, auf Anwenden des Gelernten durch Üben und Wiederholen sowie Reflexion des eigenen Lernfortschrittes. Aufgelockert mit kleinen Übungen aus dem Yoga lernen die Kinder hier spielerisch die Rechtschreibregeln.

Beispielstunde in der Jahrgangsstufe 2: „Wir verschriften eine Yoga-Asana im Weihnachtszauberwald" (Wort des Tages: „Weihnachtstannenbaum").

Einstieg	Sitzkreis mit einer Kiste (diese hat eine Griffmulde), in der eine Wortkarte liegt, auf der das „Wort des Tages (Weihnachtstannenbaum)" notiert ist. Außerdem befindet sich der Gegenstand als Kuscheltier oder Spielzeug zum Fühlen und Beschreiben in der Kiste. In dieser Beispielstunde ist ein kleiner Weihnachtsbaum versteckt. **Erste Yoga-Übung** ist das Aufrichten der Wirbelsäule, indem der unsichtbare Zauberfaden am Scheitel des Kopfes nach oben gezogen wird (**Energiefaden**).
Erarbeitung	Das Wort des Tages wird erraten, indem ein Kind den Gegenstand durch entsprechende Adjektive (hart, verzweigt, stachelig) beschreibt. **Zweite Yoga-Übung** ist hier das **„Elefantenohren"-Ziehen**, um genaues Zuhören zu erreichen. Dabei ziehen die Kinder ihre Ohren achtsam lang, greifen mit den Daumen an die Ohrmuscheln, massieren die Ohrläppchen und stellen sich vor, wie die Ohren größer und größer werden. Die Durchblutung regt die Aufnahmefähigkeit an und aktiviert das Kurzzeitgedächtnis.
Erarbeitung mündlich	Das Wort des Tages wird zunächst mündlich nach mehreren Kriterien untersucht: Zur Verdeutlichung schreibe ich das Wort des Tages kursiv. • Silben schwingen: *Weih-nachts-tan-nen-baum* • *Artikel* nennen • Wortart nennen: *Nomen,* evtl. *zusammengesetztes Nomen* • Bestimmung des Silbenkerns: *Vokale: ei, a, au, e, a* **Dritte Yoga-Übung**: Um Vokale und Doppellaute aufzuwecken, nutzen wir eine kleine Klopfübung auf die Thymusdrüse (oberer Brustkorb) leicht mit unseren Fäusten; dabei tönen wir die Laute a-e-i-o-u laut. Diese Übung stärkt das Immunsystem (ideal in Erkältungszeiten) und aktiviert den Strom des Blutes durch die Halsschlagader ins Gehirn. Dann folgt die Arbeit an dem entsprechenden Thema der Stunde: • Offene und geschlossene Silbe: *Die 2. Silbe ist geschlossen, da ein Mitlaut am Ende der Silbe zu finden ist* • Aufpassstellen finden: *stummes H, Fugen-S, Mitlautverdopplung* • Reimwörter bilden: *Traum, Schaum, kaum, ...* • Auf vollständigen Satz mit der Regel *„Satzanfang groß", korrektes Satzzeichen, leserliche Schrift* wird Wert gelegt!

Erarbeitung schriftlich mit Zwischen-reflexionen	Jedes Kind erhält eine kleine Tafel, einen Block o. Ä., auf dem das Wort des Tages, Silben, ein vollständiger Satz etc. notiert wird. Für die Lockerung der Schulter nach Schreibarbeiten nutze ich oft die **vierte Yoga-Übung** mit Musik. Durch rhythmische Bewegungen der Arme mit angepasstem Atmen sind die Kinder wieder erfrischt und leistungsbereit. Lied-Tipp: „Om namah shivaja" von Lex van Someren. **Yoga-Übung:** Die Arme locker nach oben führen, dann die Hände nach hinten an die Schulterblätter fallen lassen (über den Nacken). Dann die Hände seitlich fallen lassen, vor der Brust kreuzen und von vorne beginnen. Die „Aufpassstellen" werden gemeinsam in das Rechtschreibhaus an der Tafel notiert.
Bewegungs-übung	Um den gesamten Körper zu lockern, nutze ich einen sogenannten Yoga-Flow (bewegte Yogaübungen im Fluss) passend zum Wort des Tages (**fünfte Yoga-Übung).** Oft betreten wir einen Wald, hier den Weihnachtszauberwald. Die Kinder befinden sich im Stehkreis. **Fünfte Yoga-Übung:** *„Wir strecken und dehnen erst unsere Muskeln und Bänder; die Gelenke werden geschmeidig. Wir bilden einen Innen- und Außenkreis mit einem Partner (ich gehe zu dem Kind, das rechts von mir steht). Dann kommen wir in die* ***Stellung des Kindes****, atmen tief ein und kommen langsam in den* ***Fersensitz****, legen die Hände vor das Herz und begrüßen unseren Partner mit Namaste. Wir kommen in den* ***Kniestand****, drücken die Hände an die Hände unseres Partners, stellen den rechten Fuß nach vorne und atmen aus.* *Wir sind jetzt ein* ***Tor****, ein geschlossenes Tor. Wenn wir uns sanft zurückstrecken, öffnen wir das Tor (****Rückbeuge****), strecken unsere Arme weiter nach oben und folgen dem Blick zur Decke; es scheint die* ***Sonne****, wir berühren den Waldboden (****Vorwärtsbeuge****) und kitzeln ihn wach. Eine Wald-Elfe fliegt herbei (Kuscheltier o. Ä. mit Zauberstab), sie berührt uns; die berührten Kinder verwandeln sich in eine* ***Maus,*** *einen* ***Hasen,*** *eine* ***Höhle****, ein* ***Wurzelgeflecht****, eine* ***Spinne,*** *eine* ***Kobra,*** *einen* ***Käfer*** *etc.* *Im Zauberwald gibt es viele unterschiedliche* ***Bäume*** *(Varianten Baum, Tanne, Partnerbaum, zum Schluss Klassenbaum – an Händen wird gestützt). Jetzt verabschieden wir uns mit einem* ***Namaste*** *von unserem Partner (Verbeugung)."*
Reflexion	Die Reflexion erfolgt auf dem Platz: *„Was haben wir heute gelernt?"* Besonders der Lernzuwachs sollte von den Kindern genannt werden. Die Kinder kommen dazu in eine Konzentrationshaltung, die sie bevorzugen: **Sechste Yoga-Übung:** • **Hakini-Mudra** (Die Fingerspitzen berühren sich.)

	• **Türen und Fenster schließen** (Zeigefinger und Mittelfinger umschließen die Augen. Ring- und kleiner Finger verschließen den Mund. Die Sinnesorgane Augen (Türen) und Mund (Fenster) werden so verschlossen.) Folgende Impulse unterstützen die Reflexionsphase: • *Das ist mir schwer gefallen …* • *Das muss ich noch üben …* • *Das kann ich jetzt gut …* • *Hilfe brauche ich noch …* • *Das war leicht wie eine Feder …* • *Das habe ich heute neu dazugelernt …* Hilfreich sind Bildkarten mit den oben genannten Anfangssätzen an der Tafel.
Sicherung der Reflexion	Über das Lernen wird nun reflektiert und in einem Lernfeedbackheft werden die Gedanken notiert. Dazu kann Yoga-Musik gehört werden. Empfehlenswert ist Musik von Snatam Kaur.
Abschluss	Die Kinder lesen ihr Feedback vor und tragen das Wort des Tages in ihr Rechtschreibhaus ein.

6.1.4 Yoga-Gedichte (ab Klasse 2)

Im Deutschunterricht werden nicht nur Gedichte gelesen und auswendig gelernt, sondern auch selbst geschrieben. Die Themen sind unterschiedlich und ja nach Unterrichtsgegenstand frei wählbar. Sie können zum Beispiel im Bereich „Texte planen und schreiben" einen „Yoga-Gedichtband" zum Unterrichtsgegenstand machen. In einem selbst gestalteten Yoga-Buch entstehen so Elfchen, Rondo, Haiku, Akrostichon, Wort-Anfang-Gedichte, Lipogramm, ABC-Texte, „Sätze kreativ erweitern"-Texte, Limerick usw. Alles wird zum Thema Yoga notiert.

In der Freiarbeit können Sie außerdem eine Gedichte-Werkstatt anbieten, sodass immer wieder vielfältige Yoga-Eindrücke in Form von Reim und Text gestaltet werden können.

Yoga wird hier nicht als Übung gemacht, sondern wird selbst zum Thema. Für Sie als Lehrkraft ist das sehr informativ, weil Sie erfahren, welche Yoga-Positionen von den Schülern geschätzt werden.

Beispiele einiger Schülerarbeiten:

Rondo:	**Akrostichon mit Nomen zum Thema Lotusblume (Klasse 2):**
Das ist Yoga! *Die Schildkröte ist leicht.* *Das Chamäleon ist schwer.* *Das ist Yoga!* *Dehnen macht Spaß.* *Manchmal übe ich Yoga Nidra.* *Das ist Yoga.*	***L**iebe* ***O**m* ***T**eich* ***U**nterwasserwelt* ***S**onne* ***B**efreiung* ***L**icht* ***U**mkehrung* ***M**uttererde* ***E**ntspannung*

Elfchen: *Yoga* *Yoga Nidra* *Mag ich sehr* *Ich lerne wirklich viel* *Namaste!*	**Sätze kreativ erweitern:** *Ich* *Ich übe* *Ich übe Yoga-Figuren* *Ich übe Yoga-Figuren sehr* *Ich übe Yoga-Figuren sehr oft* *Ich übe Yoga-Figuren sehr oft mit* *Ich übe Yoga-Figuren sehr oft mit Frau* *Ich übe Yoga-Figuren sehr oft mit Frau Bonnkirch.*
Haiku: *Ich übe Yoga.* *Yoga macht mir sehr viel Spaß.* *Hase liebe ich.*	**Lipogramm:** *Ch lebe Yoga, wel ch es n der Klasse mache.* Lösung: Ich liebe Yoga, weil ich es in der Klasse mache.

6.1.5 Zungenbrecher (ab Klasse 2)

Spielen mit der Sprache ist ein weiterer Lerninhalt im Bereich „Sprechen und Zuhören" im Deutschunterricht. Zungenbrecher sind ein gutes Training für Artikulation und Atmung, das Pranayama im Yoga. Die folgenden Sprachspiele sind sehr beliebt bei Kindern, vor allem wenn das Üben mit einem Wettbewerb endet.

Zuerst werden allgemeine Zungenbrecher gelesen. Anschließend verfassen die Schüler eigene Zungenbrecher selbstständig und mit Yoga-Positionen in Partnerarbeit. In die Yoga-Praxis können diese Zungenbrecher so integriert werden: Während man den passenden Zungenbrecher spricht (zum Beispiel: *„Rote Blumen blühen beim Kirschbaum, blühen beim Birnbaum gelbe Blumen?"*) üben die Kinder die passende Asana **Lotusblume**.

Einige Beispiele für Schülerarbeiten:
*Die bissige **Biene** brummt bitter durch das breite Brot.*
*Hundert **Hunde** hassen heute **Hasen**. Heute hassen hundert Hunde Hasen.*
*Lila **Löwen** lieben lila **Libellen** im Spiel. Im Spiel lieben lila **Löwen** lila **Libellen**.*

6.1.6 Yoga Nidra (ab Klasse 1)

Yoga Nidra ist eine Tiefenentspannungs- und Meditationstechnik. Erfunden wurde es von dem Begründer der Bihar School of Yoga, Swami Satyanada. Er bezeichnete Yoga Nidra als ganzheitliche Technik zur Entwicklung und Förderung des Geistes und somit der gesamten Persönlichkeit.

Auf der Suche nach einer Tiefenentspannungstechnik für meine Kinder in der Ganztagsklasse stieß ich auf das Buch „Yoga Nidra für Kinder", das ich sehr empfehlen kann. Der Ablauf ist immer gleich, sodass sich Kinder sehr schnell daran gewöhnen. In einer 2. Klasse habe ich zu Beginn der Lernzeit am Nachmittag diese Übung regelmäßig eingesetzt und entspannte, glückliche Kinder um 16 Uhr nach Hause entlassen.

Mein Ablauf:

Mit Balancekissen platzieren sich die Kinder in die Mitte des Klassenzimmers. Ein ausgewähltes Kind, das an diesem Tag z. B. sehr positiv aufgrund reger Mitarbeit auffiel, darf sich als Belohnung auf ein besonders weiches Kissen legen, das vom Lehrer organisiert wird.

Ich versprühe einen Yoga-Duft mit den Anweisungen, tief einzuatmen, „Sorgen wegzuatmen" und „einen Herzenswunsch im Stillen zu äußern". Im Yoga nennt man diesen Herzenswunsch Sankalpa. Anschließend lese ich den Kindern eine Geschichte vor.

Mögliche Geschichte, die je nach Klasse veränderbar ist (ca. 8 Minuten):

„Lasse deine Füße und deine Zehen auseinanderfallen. Deine Arme sind vom Körper entfernt. Damit du dich richtig entspannen kannst, zeigen deine Handflächen nach oben. Atme tief ein und stelle dir vor, dass du nun zu einer wunderschönen Blumenwiese reist.

Es ist sehr warm und du spürst die wärmenden Sonnenstrahlen auf deiner Haut.

(Ich nehme einen Schmetterlingsstecker aus dem Gartenbereich und berühre die im Folgenden genannten Stellen bei einigen Kindern).

Ein Schmetterling fliegt zu dir und setzt sich auf deine Hand … auf deinen Arm ... auf deinen Bauch, auf ein Bein, auf einen Fuß.

Jetzt setzt sich dieser Schmetterling auf … die andere Hand … den anderen Arm, deinen Bauch, das andere Bein, den andere Fuß … auf deinen Hals, auf deinen Kopf, auf deine Augen, deine Nase, deinen Mund und dein Kinn.

Stelle dir nun einen Ballon in deinem Bauch vor. Wenn du einatmest, füllt sich der Ballon mit Luft, wenn du ausatmest, leert er sich. Betrachte deinen Ballon, wie er sich füllt und wieder leert.

Stelle dir nun vor, wie ein leuchtender Stern von deinem Kopf aus Licht verbreitet. Du wirst selbst voller Licht sein und dieses Licht hilft dir, alles gut zu tun, was du dir vornimmst. Das Licht hilft dir, wenn du traurig oder voller Wut bist. Dieser leuchtende Stern schenkt dir Ruhe und Zufriedenheit, er ist immer bei dir.

Beginne jetzt langsam, dich zu strecken. Erst die Finger, dann die Zehen … gähne, wenn du möchtest, öffne langsam deine Augen. Lege dich dann in die Position des Babys, das gibt dir das Gefühl der Geborgenheit. Wenn du so weit bist, setze dich auf.

Anschließend erzählen die Kinder, wie es ihnen erging.

Am Platz liegt dann ein Reflexionsblatt, dort wird Sankalpa für den heutigen Tag eingetragen. Die Kinder schreiben auf, wie es ihnen während der Reise erging und wie sich ihr Körper nun anfühlt.

Die anschließenden Gespräche nach dieser Entspannungsphase mit den Kindern finde ich sehr wertvoll, denn man lernt sie von einer ganz anderen Seite kennen und die Gruppe wächst als Klassenfamilie, gerade in der Ganztagesklasse, eng zusammen.

Wir Erwachsenen verarbeiten das Erlebte oft innerlich, aber Schulkinder sollten immer die Möglichkeit haben, das Erlebte mitzuteilen oder es anderweitig zu verarbeiten. Erstklässler malen das Erlebte. Die wenigen Minuten, zu malen, zu basteln usw. nehme ich mir trotz permanentem Zeitdruck immer. Diese Minuten sind überaus wertvoll.

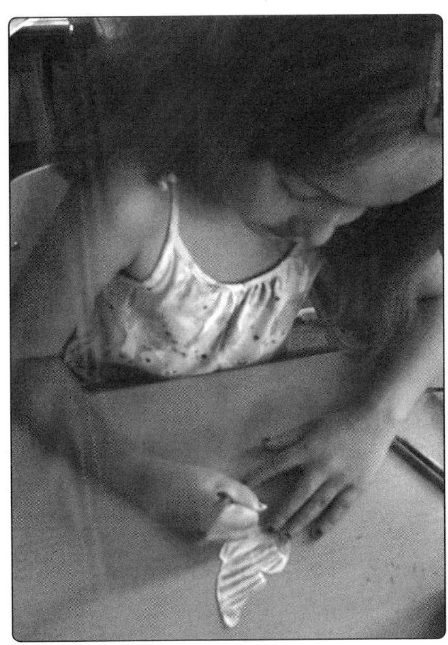

Leise Musik im Hintergrund lässt diese Entspannungsphase ausklingen.

Auf der körperlichen Ebene hilft Yoga Nidra Schulkindern, sich selbst besser wahrzunehmen. Sie lernen, ihren Körper zu spüren und können erkennen, wann sie eine Pause benötigen. Auf mentaler Ebene hat Yoga Nidra eine ausgleichende Wirkung. Besonders unruhige Kinder mit Problemen beim Zuhören, Stillsitzen und Befolgung der Anweisungen werden angesprochen. Schüchterne oder auch autistische Kinder lernen durch Yoga Nidra, ihre Bedürfnisse mitzuteilen.

6.1.7 Märchen (ab Klasse 2)

Auch Märchen können mit Yoga verknüpft und nachhaltig erlebt werden. Kinder brauchen Bewegung und Kinder brauchen Märchen… somit könnten im Deutschunterricht „bewegt" Märchen thematisiert werden.

Die Schüler schlüpfen in Rollen der Märchenfiguren und werden beispielsweise ein mächtiger König oder eine hübsche Prinzessin.

Hier ist ein mögliches Beispiel von „Rotkäppchen" für die Umsetzung als bewegtes Märchen:

Eines Tages tanzt Rotkäppchen durch den Wald (freies Hüpfen) und trifft den großen, grauen ***Wolf*** *(****heraufschauender Hund****) schon bald. Schau, die kunterbunten* ***Blumen (Sitzposition, Füße vom Boden heben und Hände mit Handfläche nach oben von innen unter die Knie geben, Fußsohlen zusammenbringen****), die dort stehen, hast du sie denn noch gar nicht gesehen? (****Kopf links und rechts über die Schulter drehen****).*

Rotkäppchen pflückt einen großen Strauß und geht damit zu Großmutters ***Haus*** *(****Hund als Dach des Hauses****). Die Tür, die öffnet sie ganz sacht (****ein Kind nach dem anderen kriecht durch das Haus hindurch****), im Bett ist inzwischen der Wolf erwacht. Oh je, der Wolf, das hungrige Tier, schlingt in seiner großen Gier die Großmutter in seinen Bauch und Rotkäppchen verschlingt er auch (****Stellung des Kindes****). Zum Glück, da kommt ein Jäger schnell daher (****Ritter/Kriegerposition****) und er hat eine große* ***Schere*** *(****Vorwärtsbeuge****), holt die beiden wieder raus und dann wird gefeiert im alten Haus. Rotkäppchen sagt: „Ihr werdet sehen, ich will nie mehr vom Weg abgehen".*

Im Anschluss kann über die Moral des Märchens reflektiert werden. In der Freiarbeit entstanden von Schülern selbst verfasste, bewegte Märchen mit Yoga-Positionen.

6.2 Mathematik

6.2.1 Einmaleins Yoga (ab 2. Klasse)

Auch im Mathematikunterricht können Lehrer Yoga-Elemente nutzen. In der 2. Klasse wird das Einmaleins trainiert. Erfahrungsgemäß erlernen die Kinder die Zahlenreihen dauerhafter, wenn sie in Bewegung sind.

Kombiniert mit dem täglichen Einmaleins-Training bedeutet dies, dass die Kinder bei den erlernten Einmaleins-Aufgaben in eine festgelegte Yoga-Position gehen. Es bieten sich Stehhaltungen sowie Balanceübungen an. Je schwieriger die Einmaleins-Reihe, desto leichter die Stehhaltung.

Mögliche Yoga-Positionen für die Einmaleins-Reihen

Hinweis: Auf die 1er-Einmaleinsreihe wird verzichtet.

2er-Einmaleins-Reihe	**Adler**  Ausgangsstellung ist der **aufrechte Stand (Berghaltung)**. Hebe deine Arme auf Schulterhöhe und dehne sie zu den Seiten. Drehe den Rumpf nach rechts und achte dabei darauf, dass die Arme auf Schulterhöhe und in der Verlängerung der Schultern bleiben. Bewege die linke Hüfte entgegengesetzt nach links, sodass dein Becken nach vorn gerichtet bleibt. Drehe den Rumpf wieder nach vorn und dann zur anderen Seite. Wechsle die Seiten einige Male ab und fühle dich wie ein Adler, der hoch durch die Luft segelt. Es kann sein, dass sich die Arme anfangs bei der Drehung des Rumpfes mitbewegen, senken oder heben. Achte immer wieder darauf, dass sie auf der Höhe deiner Schultern und auch in einer Linie mit den Schultern bleiben. Wenn du diese Stellung öfter übst, verbessert sich dein Körpergefühl und du kannst die Drehung bald mit geschlossenen Augen ausführen, ohne dass die Arme sich verändern.
3er-Einmaleins-Reihe	**Tänzer** 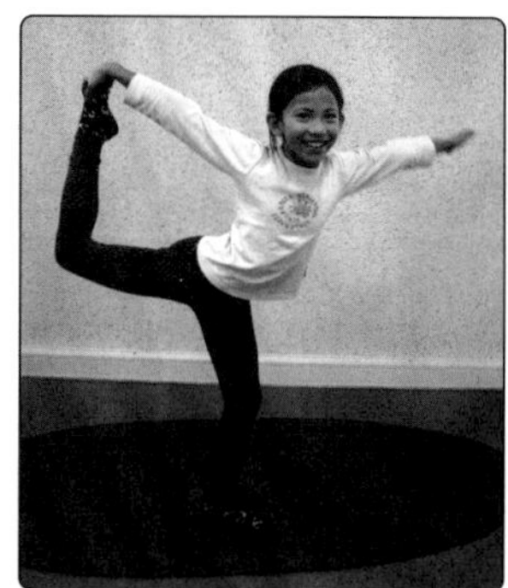 Schaue im aufrechten Stand auf einen Punkt, der sich nicht bewegt. Verlagere dein Gewicht auf den linken Fuß, winkle das rechte Knie an und fasse den rechten Fuß von der Außenseite mit der rechten Hand. Dehne dich so weit du kannst auf. Der linke Arme stabilisiert dich.
4er-Einmaleins-Reihe	**Stier**  Stelle dich auf deine Hände und Füße, strecke deine Arme und Beine. Verlagere das Gewicht auf ein Bein und hebe so weit wie du kannst das andere Bein zum Himmel.

5er-Einmaleins-Reihe	**Pferd** 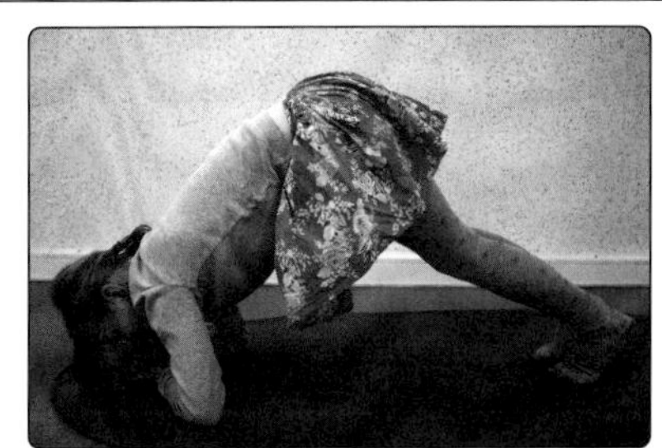 Vom **Vierfüßlerstand** aus legst du die Stirn zwischen den Händen auf den Boden. Grätsche die Ellbogen und verschränke die Finger. Deine Handflächen befinden sich auf dem Boden. Nun stütze dich auf die Unterarme. Wenn du deinen Oberkörper hochdrückst, stehst du auf deinen Zehen. Wiehere wie ein Pferd.
6er-Einmaleins-Reihe	**Baum** 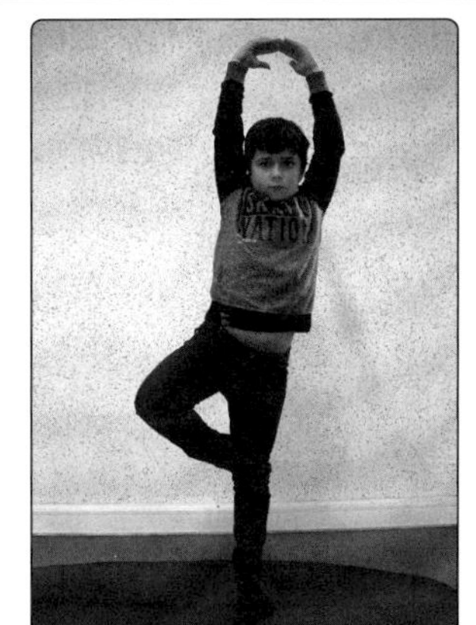 Ausgangsstellung ist der **aufrechte Stand**. Suche dir einen festen Punkt am Boden, auf den du schaust, um besser das Gleichgewicht zu halten. Verlagere das Gewicht deines Körpers auf den linken Fuß, beuge das rechte Knie und richte es zur rechten Seite; stelle die rechte Fußsohle an die Innenseite des linken Beines und drücke sie leicht an. Erwidere mit dem linken Bein den Druck. Das kann dir die nötige Stabilität und Sicherheit geben, um eine Weile auf einem Bein zu stehen. Bist du anfangs noch wacklig, stelle die Fußsohle an die Innenseite des linken Fußes, sodass der rechte große Zeh den Boden berührt. Hebe deine Arme langsam seitwärts über den Kopf und lege die Handflächen aneinander. Lasse dabei die Schultern sinken und deinen Atem langsam und gleichmäßig fließen. Übe dann den Baum auf dem rechten Bein.
7er-Einmaleins-Reihe	**Pfeil** 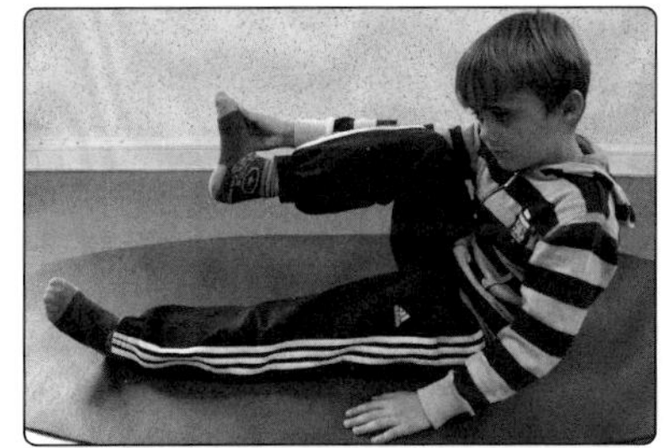 Du bist im **Langsitz**. Beuge das rechte Knie und halte den großen Zeh mit der rechten Hand fest. Die linke Hand liegt neben der Hüfte auf dem Boden und stützt den Oberkörper. Versuche, deine Wirbelsäule aufrecht zu halten.
8er-Einmaleins-Reihe	**Giraffe**  Stelle dich mit weit gegrätschten Beinen und ganz leicht gebeugten Knien hin. Deine Füße sind gut ausgebreitet, deine Zehen zeigen etwas nach innen und die Fersen nach außen. Mit den Händen stützt du dich nun auf dem Boden ab, wobei der Abstand zwischen deinen Händen so breit wie deine Schultern ist. Rücken und Nacken sind gerade. Stelle dir vor, dass dein Oberkörper der lange, bewegliche Hals der Giraffe ist, der nach vorne oder auch zur Seite wächst.
9er-Einmaleins-Reihe	**Drache**  Vom **Vierfüßlerstand** aus hebst du dein rechtes Bein nach vorne und bleibst einige Atemzüge so, bis du in der Hüfte etwas lockerer wirst. Dann hebst du mit dem Einatmen deine Arme weit nach oben und verbindest sie. Versuche, dich so weit wie du kannst nach hinten zu lehnen.

<table>
<tr><td>10er-Einmaleins-Reihe</td><td>Storch

Ausgangsstellung ist der aufrechte Stand. Breite die Arme seitlich auf Schulterhöhe aus und dehne sie über die Fingerspitzen zu den Seiten. Hebe das rechte Knie hoch, bis der Oberschenkel waagerecht und der Unterschenkel senkrecht zum Boden gerichtet ist. Dabei kannst du tief einatmen. Strecke dann das rechte Bein nach vorn aus, halte es möglichst parallel zum Boden und dehne auch die Fußsohle nach vorn.

Führe die Arme gestreckt auf Schulterhöhe nach vorn, bis sich die Handflächen berühren. Atme dabei aus. Lasse den Atem einströmen, wenn du die Arme wieder ausbreitest und das Knie anwinkelst. Senke beim Ausatmen die Arme und stelle die Fußsohlen zum Boden zurück.</td></tr>
<tr><td>Quadratzahlen</td><td>Fledermaus
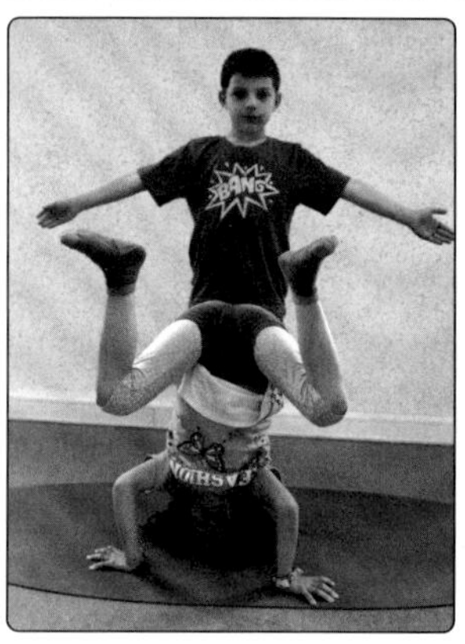
Dein Partner steht aufrecht hinter dir, um Hilfestellung zu leisten. Du kniest vor ihm und stellst Hände und Kopf vor den Schoß des Partners. Winkle deine Arme im rechten Winkel an und hebe langsam den Po. Die Knieinnenseiten drücken gegen die Oberarme.</td></tr>
</table>

6.2.2 Geometrische Yoga-Flächenformen (ab Klasse 1)

Eine grundlegende Kompetenz im Mathematikunterricht ist es, die Begriffe *Dreieck*, *Kreis* und *Viereck (Quadrat und Rechteck)* den jeweiligen Flächenformen korrekt und routiniert zuzuordnen. Gemeinsamkeiten und Unterschiede von Vierecken sollen exakt beschrieben und Unterschiede von Vierecken und bestimmten Rechtecken als besondere Vierecke sowie Quadrate als besondere Rechtecke unterschieden werden.

Deshalb lasse ich die Kinder geometrische Flächenformen mit ihrem Körper selbst gestalten. Dabei wird z. B. auch die soziale Kompetenz gefördert, da die Kinder durch diese Aufträge lernen müssen, aufeinander zuzugehen, Kompromisse zu schließen und teamfähig zu werden.

Ein Dreieck mit der Yoga-Position des herabschauenden Hundes und einer Entspannungsübung.

Die Yoga-Positionen müssen allerdings vorher eingeführt werden, damit die Kinder selbstständig arbeiten können. Sobald geometrische Formen als Yoga-Position mit dem Körper im Plenum dargestellt werden, findet eine Rätselrunde statt: Welche geometrischen Flächenformen werden gezeigt (z. B. ein Quadrat; die Kinder sollten die gleich langen Seiten benennen.)? Alle Kriterien werden anhand dieser lebendigen Formen wiederholt und gefestigt. Aus Erfahrung kann ich nur betonen, dass die Lernfreude, die Experimentierlust und das kreative

Ein Quadrat.

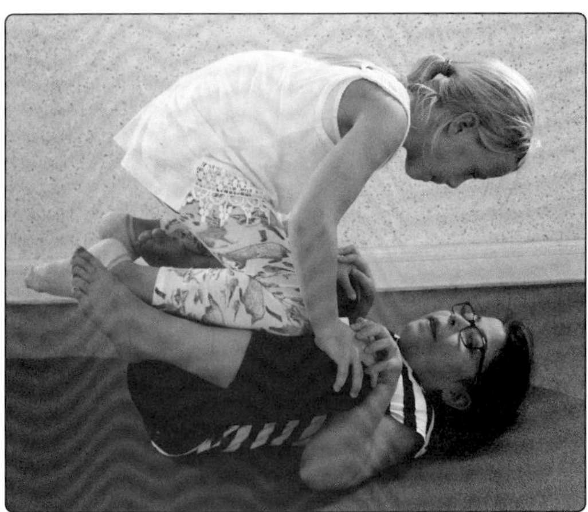

Zwei Schülerinnen bilden mit der Stellung des Kindes eine Kugel.

Potenzial bei den Schülern erstaunlich hoch sind. In der 2. Klasse werden die Flächenformen zu Körperformen.

Auch das Abmessen des eigenen Fußes durch Abzeichnen in das Rechenheft ist eine kleine Yoga-Übung für zwischendurch.

6.2.3 Rechengeschichten mit Yoga (Ab Klasse 2)

Am Ende der 2. Klasse schreiben die Schüler in der Wiederholungsphase eigene Rechengeschichten. Alle erlernten Größenbereiche mit den Einheiten Euro und Cent, Zeitspannen (Minuten und Stunden), Längen (cm und m) sowie Rechenoperationen (Addition, Subtraktion, Multiplikation, Division) werden miteinander kombiniert. In einer „Yoga-Portfolio-Mappe" sammeln die Kinder ihre Geschichten. Diese werden dann in einer Freiarbeitsphase von den Mitschülern gelöst.

Wenn in der Rechengeschichte Yoga-Positionen genannt werden, lösen die Kinder zunächst die Rechengeschichte und üben dann selbstständig die genannten Positionen auf der Yoga-Matte (oder z. B. auch auf dem Kopfstandstuhl, sofern vorhanden).

Beispiele für Rechengeschichten:

Beispiel 1:
Unsere Lehrerin gibt in der Woche am Montag 2 Stunden und am Freitag 1,5 Stunden Yoga-Unterricht.
Frage: Wie viele Minuten unterrichtet sie insgesamt pro Woche?
Rechnung: 2 Stunden = 120 Minuten
1,5 Stunden = 90 Minuten
120 + 90 = 210 Minuten
Antwort: Die Lehrerin unterrichtet 210 Minuten Yoga pro Woche.

Beispiel 2:
Ich übe 89 Sonnengrüße am Dienstag, am nächsten Tag mache ich 8 mehr.

Beispiel 3:
Die Kinder üben Mathe-Yoga und legen ein Quadrat. Eine Seite ist 60 cm lang.

6.2.4 Würfelpünktchen-Yoga (ab Vorschule/ Klasse 1)

Bereits in der Vorschule sowie natürlich auch in der ersten Klasse wird im Fach Mathematik das Erfassen und das Festigen der Punktmenge mittels eines Spielwürfels trainiert. Ich kombiniere dies mit Yoga-Asanas: Wenn eine Punktmenge gewürfelt wird, wird sie zunächst genannt, anschließend gehen die Kinder in die jeweilige Yoga-Position, die mit der Zahl verknüpft ist (siehe Bildkarte).

Diese kleine Bewegungsphase zwischendurch ist leicht und ohne großen Aufwand im Klassenzimmer möglich. Man benötigt lediglich einen Schaumstoffwürfel sowie eine Festlegung bzw. Abbildung der Yoga-Asanas. Die Asanas müssen noch nicht bekannt sein, die Kinder erlernen diese schnell durch das Foto. Hier sind jeweils zwei Möglichkeiten abgebildet, um Abwechslung hineinzubringen. Auch Partnerübungen sind möglich.

Würfel	Asana	Würfel	Asana
1	Schmetterling	1	Hase
2	Vogel	2	Lotusblume
3	Reh	3	Tisch
4	Maus	4	Schildkröte
5	Baum	5	Nackt-schnecke

	Frosch 		Mond 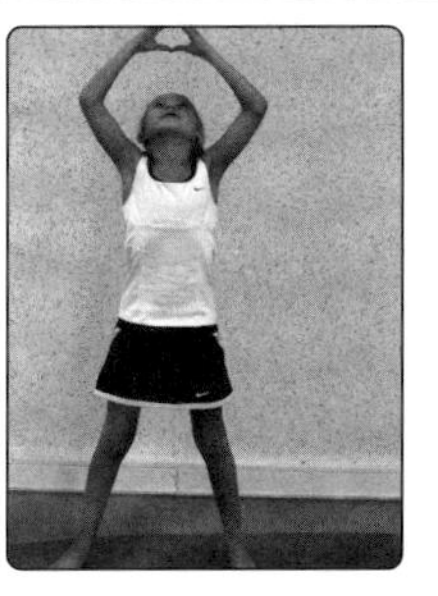

6.3 Sachunterricht

6.3.1 Tiere (Klasse 1–3)

Wiesen- und Heckentiere (Klasse 1), Haus-, Zoo- und Bauernhoftiere (Klasse 2), Waldtiere (Klasse 3)

Im Sachunterricht der Grundschule bietet es sich im Lernbereich Natur und Umwelt an, dass sich die Kinder in die Tiere der jeweiligen Umgebung (Wiese, Hecke, Wald) „verwandeln". Der theoretische Teil mit vielen Informationen über die Anpassung an den Lebensraum, das Vorkommen, Merkmale wie Körperform, Fortbewegung, Tarnmechanismus, Ernährungsweise, Artenkenntnis etc. können von den Kindern besser verstanden und gespeichert werden, wenn sie in die Yoga-Position des jeweiligen Tieres gehen.

In der 1./2. Jahrgangsstufe geht es um die Tiere der Wiese und Hecke. Viele Anleitungen für diese Tiere finden Sie bei den Grundhaltungen und in den vorherigen Kapiteln sowie im Anschluss an die Übersicht hier.

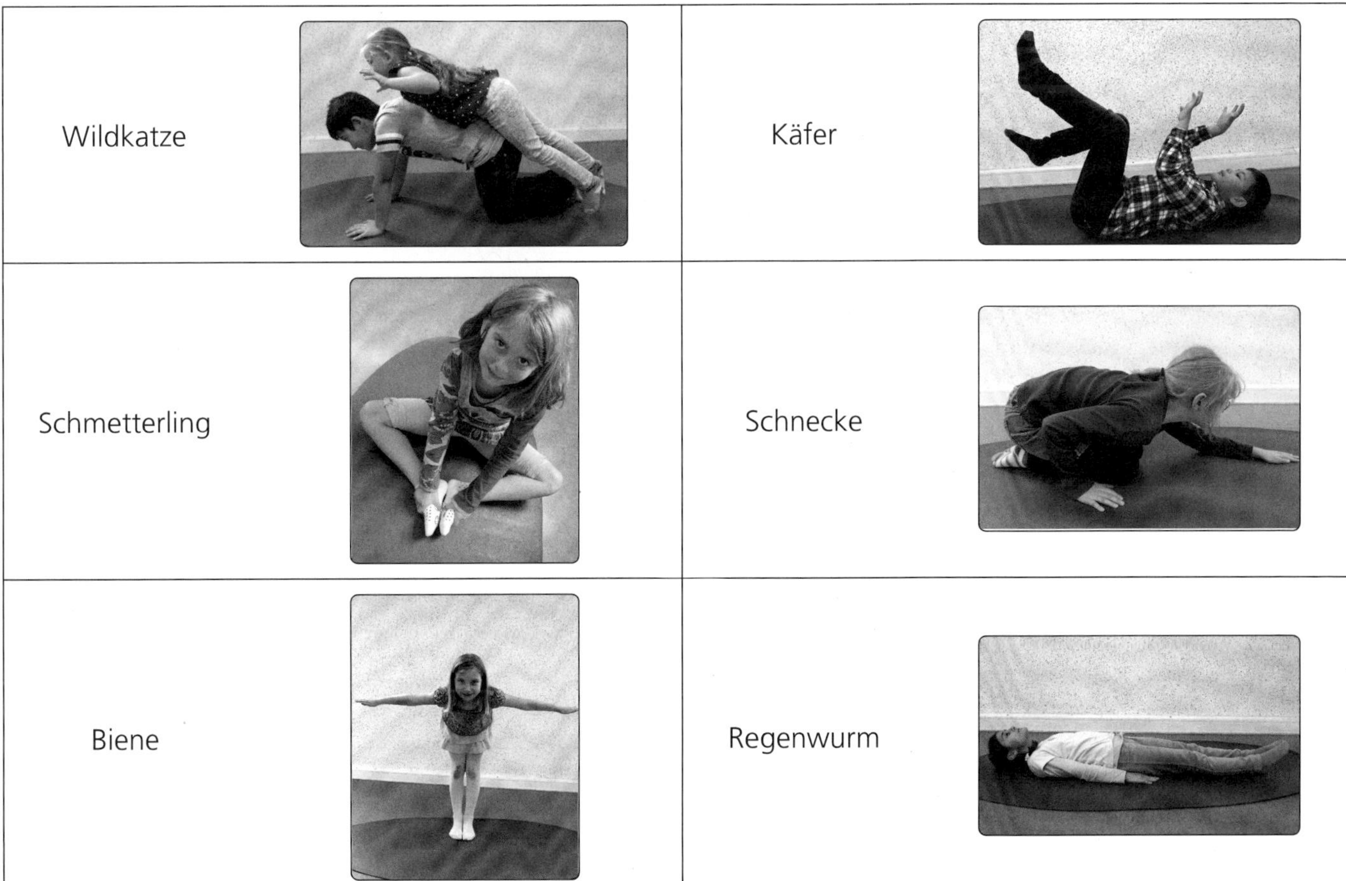

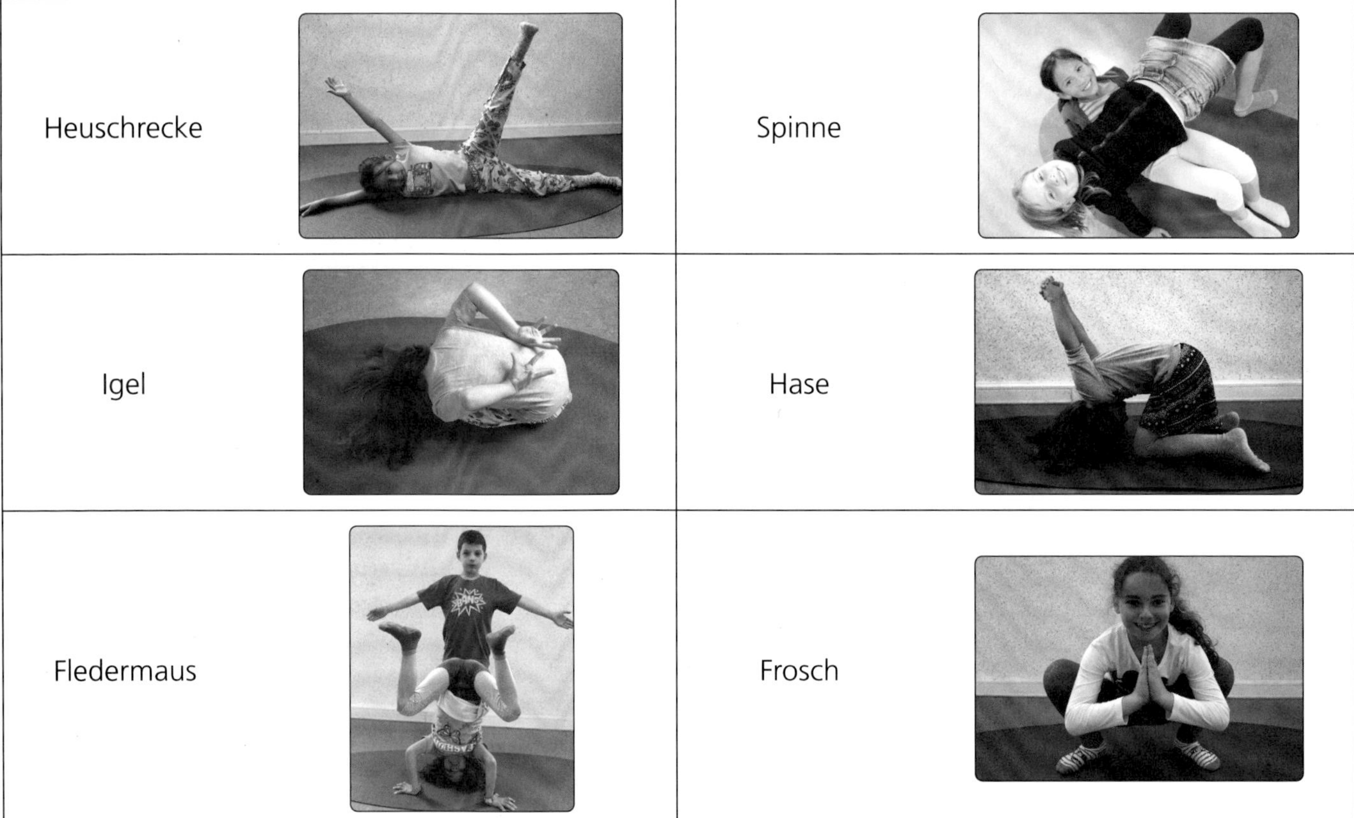

Heuschrecke	Spinne
Igel	Hase
Fledermaus	Frosch

Haustiere

Hund	Katze
Schildkröte	Fisch
Vogel	Meer- schweinchen

Zoo- und Bauernhoftiere

Pferd/ Schaukelpferd	 Giraffe 
Delfin	 Kamel 
Elefant	 Tiger 
Löwe	 Affe 
Kobra	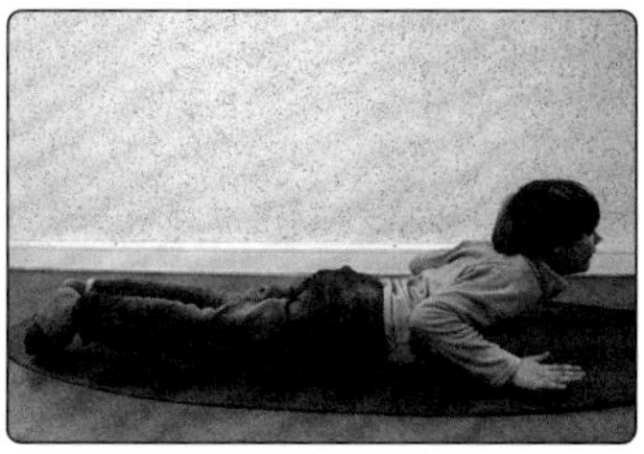 Ente 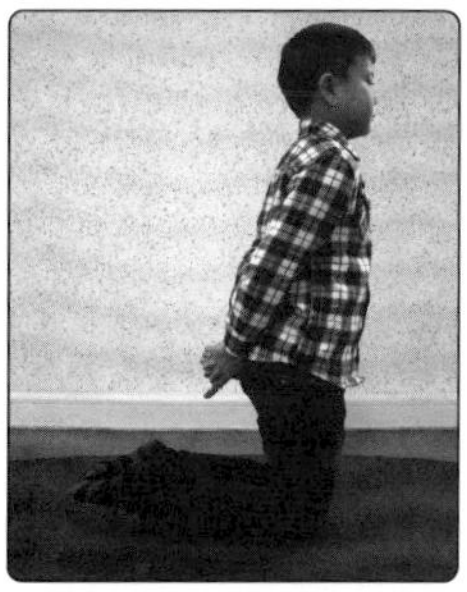
Schwan	 Bär 

Tiere des Waldes

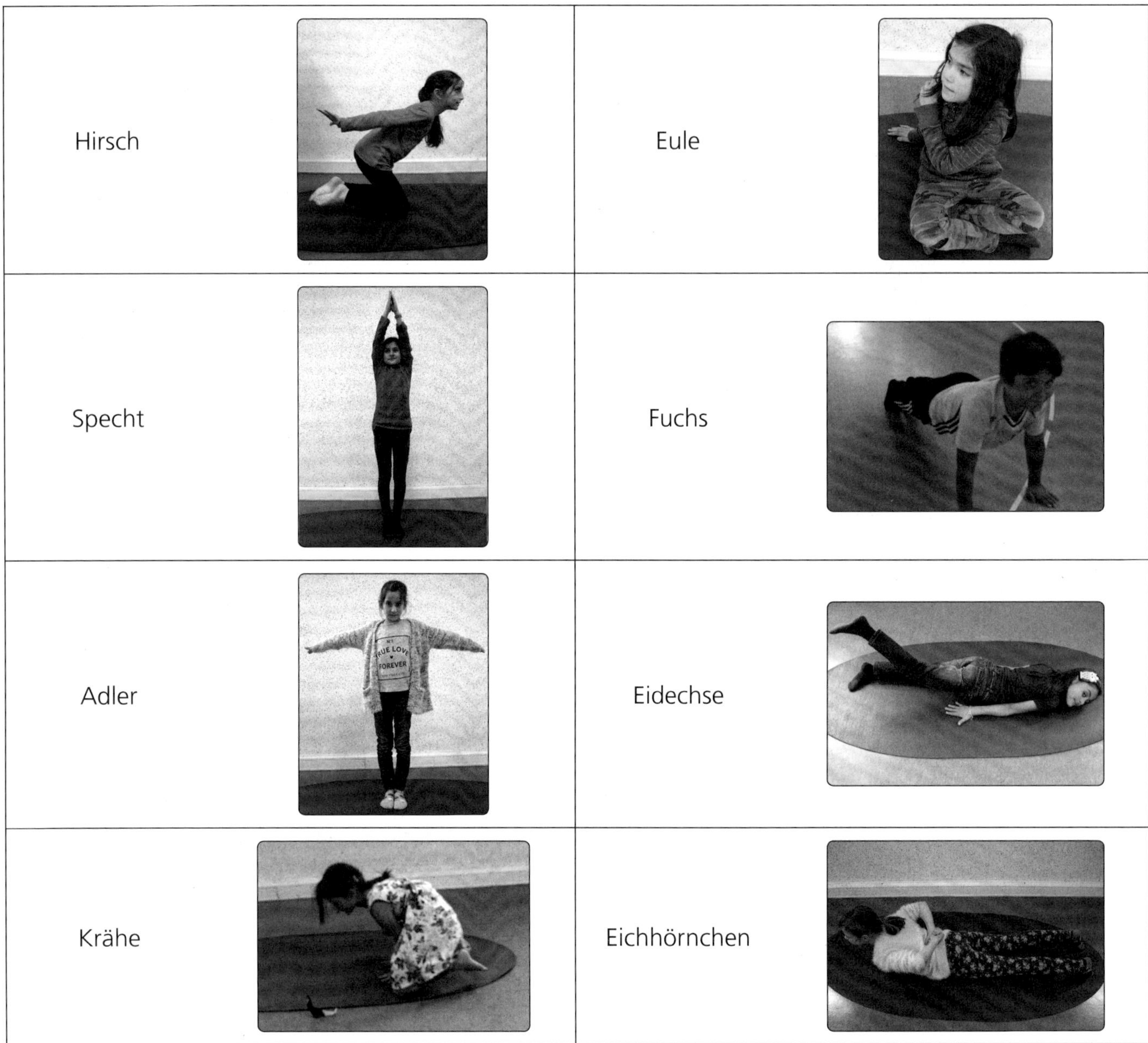

Hirsch	Eule
Specht	Fuchs
Adler	Eidechse
Krähe	Eichhörnchen

Beschreibungen der neuen Asanas

Name/Foto	So kommst du in die Position
 Hirsch	Du bist im Fersensitz. Hebe dann deinen Po hoch und neige deinen Oberkörper langsam nach vorne. Die Arme sind locker an den Seiten. Hebe nun deine Füße und strecke die Arme weit nach hinten oben. Der Kopf verlängert die Wirbelsäule und der Blick geht nach vorne. Finde einen Fixierpunkt, um die Balance zu halten.
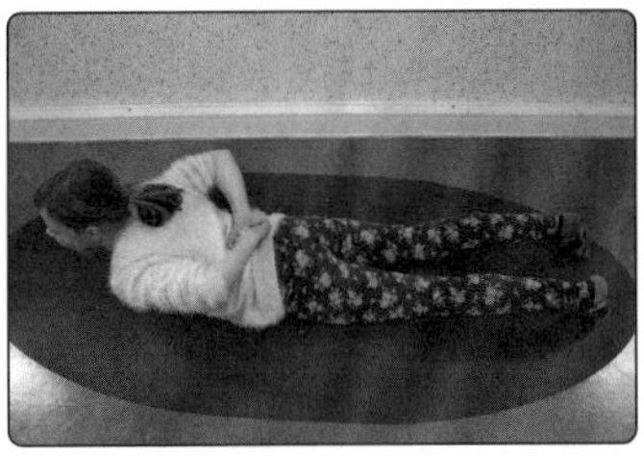 Eichhörnchen	In der Bauchlage bringst du die Hände hinter den Rücken und stellst sie als Fäuste übereinander. Deine Beine sind gestreckt und liegen mit den Fußrücken flach auf dem Boden. Kopf und Brust werden so weit es geht nach vorne oben gezogen, wobei der Nacken gerade bleibt. Schaue gerade nach vorne wie ein Eichhörnchen.
 Specht	Du stehst gerade. Lege die Handflächen vor der Brust aneinander und strecke die Arme vor dem Körper so hoch nach oben wie du kannst. Stelle dich auf die Zehenspitzen, spüre die angespannte Haltung eines Spechtes und klopfe, indem du dich dreimal leicht nach vorne neigst.
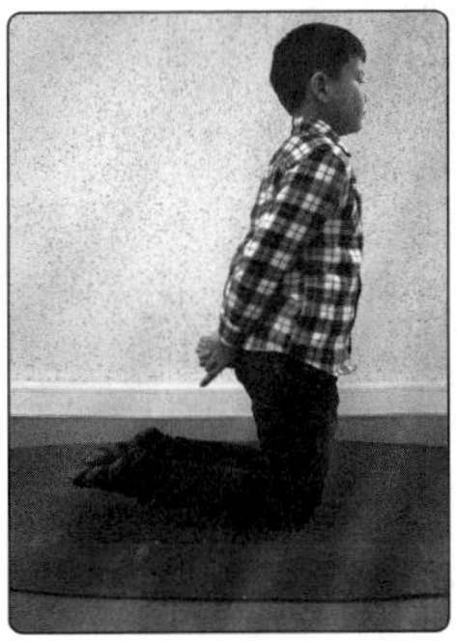 Ente	Komme in die Hocke, verlagere dein Gewicht auf die Zehen, hebe die Fersen vom Boden ab und verschränke die Finger hinter dem Rücken.
 Heuschrecke	Du liegst bequem auf der Seite, dein Kopf ist auf deinem Oberarm abgelegt. Strecke dein oberes Bein und deinen oberen Arm nach oben. Halte die Balance.

Name/Foto	So kommst du in die Position
 Spinne	Stütze dich mit den Händen ab und bringe deinen Po nach oben. Dein Partner geht vorsichtig über dir in die gleiche Position. Spanne Rücken und Po fest an. Versucht dann, in eine Richtung zu laufen.
 Schildkröte	Setze dich mit gegrätschten Beinen auf die Matte und stelle die Fußsohlen weit vor dir auf den Boden. Strecke deine Arme unter den Beinen von innen nach außen durch und lege deine Handflächen ab. Senke deinen Kopf Richtung Boden.
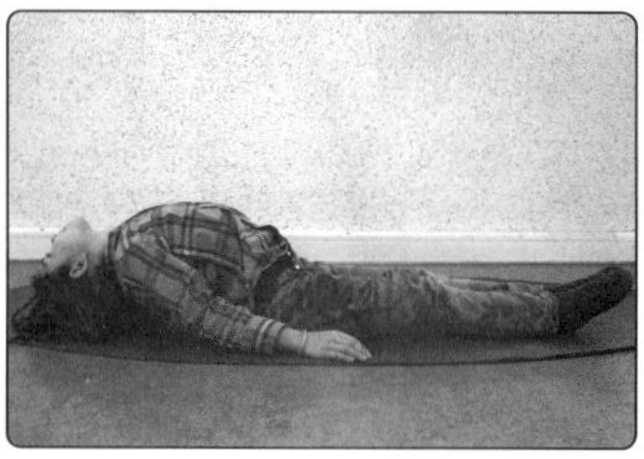 Fisch	Lege dich ausgestreckt auf den Boden ab. Nimm deine Unterarme als Stütze und hebe vorsichtig deinen Brustkorb an, sodass deine Schädelkrone auf dem Boden liegt.
 Meerschweinchen	Du bist im Vierfüßlerstand. Hebe ein Bein an und ziehe es so weit du kannst zu deiner Nasenspitze. Wölbe deinen Rücken richtig rund, wechsle dann das Bein.
 Schaukelpferd	Du liegst auf deinem Bauch. Beuge die Knie, hebe den Oberkörper und deinen Kopf und umfasse mit den Händen die Knöchel. Hebe die Oberschenkel vom Boden ab. Wenn dein Körper richtig gespannt ist, kannst du schaukeln!
 Fuchs	Gehe in die Position des Hundes und versuche nun, den Po so weit herunterzulassen, dass du wie ein Brett über dem Boden schwebst. Spanne deinen Bauch fest an.

Name/Foto	So kommst du in die Position
Eidechse	Du liegst auf dem Bauch, deine Arme sind ausgestreckt neben deinem Oberkörper. Die Handflächen drücken auf den Boden. Hebe nun vorsichtig ein Bein so weit wie du kannst nach oben. Wechsele die Seiten.
Specht	Strecke im aufrechten Stand deine Arme weit nach oben. Versuche, eine Linie mit deinem Körper zu bilden. Verschränke deine Hände und strecke deine Arme nach oben.

Folgende Partnerübungen passen allgemein zum Lernbereich Natur und Umwelt:

So kommt ihr in die Position	Wirkung
Lotusblume: Setzt euch voreinander mit angewinkelten Beinen und flach aufgestellten Füßen und berührt euch mit den Fußspitzen. Greift nun beide Hände zwischen den Beinen und versucht, eure Füße zu strecken. Der Rücken soll dabei gerade sein.	Diese Übung stärkt Rücken und Bauch, dehnt die Beinrückseiten und fördert das Gleichgewicht.
Libelle: Der Partner liegt bequem in der Bauchlage. Du legst dich auf den unteren Rücken deines Partners und zwar quer in die Rückenlage, die Arme sind nach hinten ausgestreckt.	Die Rückenlage entlastet den unteren Rücken und entspannt. Außerdem wird der Brustraum geöffnet.
Fantasie-Einhorn: Der Partner ist im Vierfüßlerstand. Du setzt dich rückwärts auf den Po deines Partners und legst dich mit Körperspannung über den Partner. Hebe die Füße und Arme an.	Diese Übung stärkt den Rücken und die Beine, außerdem dehnt sie die Körpervorderseite.

Verliebte Schwäne: Kniet voreinander. Ein Kind nimmt den rechten, das andere den linken Fuß weit nach hinten und versucht, den Fuß zu fassen und nach oben zu ziehen. Spannt den Po an und formt mit euren anderen Armen einen Schwanenhals. Streckt den „Schwanenhals" zu der Hand des Partners.	Diese Übung öffnet und dehnt die Hüfte, stärkt den unteren Rücken und dehnt die Oberschenkel. Außerdem wird der Brustraum geöffnet.	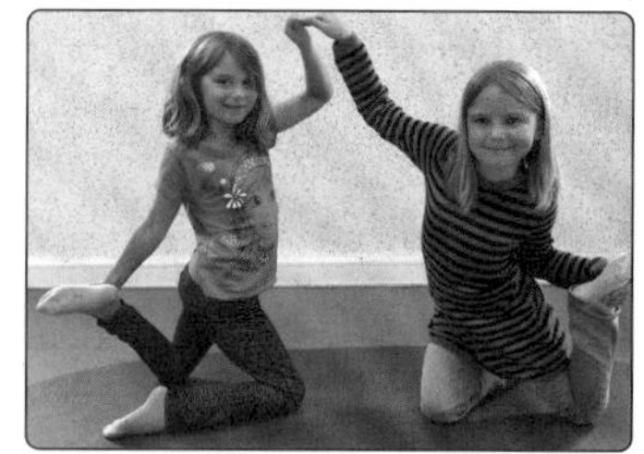
Wurzelgeflecht: Suche dir einen Partner und verhakt eure Hände, Arme und Füße. Sucht euch eine Position, die euch glücklich macht. Genießt es!	Diese Übung verbindet und bringt Flexibilität und Beweglichkeit. Außerdem beruhigt diese Übung.	

6.3.2 Themenbereich Fiktion: Geschichten aus der indischen Mythologie

Die Lehrpläne der Grundschule bieten zum Thema „Fakten und Fiktion" eine weitere Möglichkeit an, Yoga in den Unterricht einzubeziehen. Die Schüler sollen lernen, zwischen historischen Begebenheiten und erfundenen Geschichten zu unterscheiden. Der geschichtliche Gehalt von Erzählungen, Sagen und Filmen sollte hinterfragt werden.

Ich habe in meiner Klasse den Versuch gestartet, Geschichten aus der indischen Mythologie zu behandeln und war überrascht, wie positiv die Kinder reagierten. Als ich Geschichten aus der indischen Mythologie vorlas, lauschten die Zweitklässler sehr aufmerksam. Die Schüler hinterfragten viele Dinge und brannten darauf, eine neue Geschichte von einem anderem Gott kennenzulernen. Auch nach Tagen konnten sie Einzelheiten der Geschichte wiedergeben.

Zunächst ließ ich die Kinder in Form eines Brainstormings Wünsche äußern, was sie interessiert: *Warum singen wir ein om? Was hat der Buddha mit Yoga zu tun? Wer ist dieser Elefantengott?*

Die erste Stunde der Unterrichtseinheit zur Sequenz „Fakten und Fiktion" stand unter dem Fokus: Was ist wahr und was ist erfunden, also fiktiv? Im Unterrichtsgespräch wurden Beispiele aus der Lebenswelt der Kinder gesammelt, von Geschichten aus der Vergangenheit bis hin zu Märchen. Ich erinnerte die Kinder an ein Yogamärchen, so war der Sprung zur indischen Mythologie geschafft. In Indien gibt es zahlreiche Götter (3300), die alle besondere Aufgaben und Fähigkeiten haben.

Wie das Om entstand ... für Kinder

Stell dir das größte Meer vor, das du je gesehen hast, einen Ozean. Zu Beginn aller Zeiten schwamm dort ein indischer Gott auf einem Kissen, er hieß Vishnu. Unter ihm war die tausendköpfige Schlange Ananta. Ihre tausend Köpfe spendeten dem Vishnu Schatten vor der heißen Sonne. Zusammen schwammen sie also im Ur-Ozean. Als der Punkt für eine neue Zeit gekommen war, wuchs plötzlich aus Vishnus Bauchnabel eine große Lotusblume. Als sie ihre Blütenblätter öffnete, sah Vishnu darin den Schöpfergott, der Brahmna hieß, mit seinen vier Gesichtern, die in die vier Himmelsrichtungen blickten: Norden, Süden, Westen und Osten. Jeder Mund der vier Gesichter formte den heiligen Laut Om. Ein Gesicht zog den Mund zu einem „ah", das andere zu einem „oh" und das dritte Gesicht zeigte einen geschlossenen Mund, denn es schwieg. Durch diesen Laut wurde der Ozean, auf dem Vishnu schwamm, in Schwingung versetzt, sodass das Universum entstand, in dem wir heute leben.

Während der Geschichte werden Bewegungen der Lotusblume geformt.

Die zweite Stunde beinhaltet die Geschichte über den beliebten Elefantengott Ganesha. Sein Vater ist Shiva. Die Legende sagt, dass Shiva seinem Sohn wegen eines Missverständnisses den Kopf abschlug. Damit Ganesha weiterleben konnte, ließ Shiva einem Elefanten den Schädel abtrennen und setzte diesen auf Ganeshas Körper. So kam er zu seinem Elefantenkopf. Ganesha ist der Gott der Weisheit und des Erfolgs, der Stärke und der Geschmeidigkeit. Er hat den Beinamen „Beseitiger von Hindernissen" und wird z. B. vor Prüfungen angebetet.

Eine interessante Geschichte für Kinder, an der thematisiert werden kann: Was ist wahr und was muss erfunden worden sein? Zur Festigung setzen die Schüler die Geschichte in Yoga-Positionen um: Ganesha mit Brotfladen in der Hand, die Maus (Reittier von Ganesha) und die Kobra. Die restlichen Kinder sind Bäume des Waldes.

Auch der Bezug auf unser heutiges Leben wird im Unterrichtsgespräch gezogen: Wir sind von Gegensätzen umgeben (Tag und Nacht, hell und dunkel ...) und Yoga-Übungen helfen uns, dies zu erkennen. Nach einer herzöffnenden Rückbeuge (wie das Kamel) brauchen wir eine Vorbeuge (wie das Kind), um im Gleichgewicht zu sein.

Die Interpretation, ob diese Geschichte von Ganesha wahr oder fiktiv ist, lasse ich den Schülern frei. Im Sachunterricht-Heft wird die Geschichte eingeklebt. Bei der Reflexion entscheiden und notieren die Schüler selbst ihre Meinung, ob die Geschichte fiktiv ist.

Die Geschichte von Ganesha

Ganesha hat einen sehr dicken Bauch, weil er so gerne Süßigkeiten und Kuchen isst. Eines Abends gönnt er sich ein großes Abendessen mit allem, was er gern isst.
Dann beschließt er, auf seiner Freundin, der Maus, auszureiten. Der Mond scheint hell und ist groß und rund und leuchtet ihm den Weg. Der Ausritt ist wundervoll, doch plötzlich erschrickt die Maus, weil sich etwas auf dem Weg bewegt. Es ist eine Schlange. Die Maus hält so abrupt an, dass Ganesha auf seinen Bauch hinabfällt – der Bauch platzt auf. Da purzeln alle Süßigkeiten und der Kuchen heraus. Ganesha rappelt sich wieder hoch und hält seinen aufgeplatzten Bauch zusammen. „Komm her, Schlange", sagt er. „Du musst mein Freund sein und mir helfen." Er greift sich die Schlange und bindet sie sich wie einen Gürtel um den Bauch, um ihn zusammenzuhalten.
Da hört er, wie jemand lacht. Es ist der Mond, der ihn auslacht. Ganesha ist sehr wütend – so wütend, dass er einen seiner Stoßzähne abbricht und ihn auf den Mond schleudert, um sein Licht auszulöschen. So entsteht die Nacht.

Mögliche Fragen

- *Wer sind Ganeshas Freunde in der Geschichte? Wie haben sie ihm geholfen? Wie hat sich Ganesha gefühlt?*
- *Was macht dich wütend? Was machst du, wenn du wütend bist?*
- *Was hilft dir dann, damit du dich besser fühlst?*
- *Welche Situationen in der Geschichte sind nicht wirklich?*

Folgende Göttergeschichten kann ich zur Durchführung für den Lernbereich Fiktion im Sachunterricht empfehlen:

Gott	Thema
Hanuman	Selbstbewusstsein entwickeln, an eigene Kraft zu glauben
Ganesha	Zweifel beseitigen
Shiva	Stille erfahren
Krishna	Freude feiern
Goppala	Beziehung stärken

In diesem Zusammenhang habe ich den Kindern auch eine neue Atemtechnik beigebracht – die **„Pana-Apana-Atmung“**: Passend zum Elefantengott atmen wir, um elefantenstark zu sein.

So geht es:

Stehe schulterbreit und hebe mit der Einatmung die Arme den Rumpf entlang und senke sie bei der Ausatmung. Du kannst auch deine Handflächen nach oben öffnen und nah an deinem Körper auf und ab senken.

6.4 Kunst

6.4.1 Entspannung durch Chakra-Mandala (Klassen 1–4)

Wenn wir unseren Körper entspannen, bauen wir Stresshormone ab. Die Muskeln lassen ihre Anspannung los und zuvor Erlerntes geht in dieser kleinen kreativen Pause in unser Gedächtnis über. Trotz Lehrplanfülle gebe ich daher der Kunst viel Raum im täglichen Unterricht, da sie viele Möglichkeiten der Entspannung bietet. Kunst hilft den Kindern, ihren Körper und Geist „herunterzufahren" und Kraft für die kommenden Lerninhalte zu sammeln.

Von Mandalas geht eine starke Wirkung aus. Wer Mandalas ausmalt oder selbst entwirft, erfährt Energie. Das Ausmalen vorgegebener Formen ist eine gute Methode, um den Geist zu fokussieren. Wenn wir Erwachsenen an Mandalas denken, dann sehen wir einen Mittelpunkt, von dem gleichmäßig Formen oder Figuren ausgehen. Diese zu kolorieren, entspannt Kinder und auch Erwachsene.

Mandala mit Yoga bietet eine Möglichkeit, den Schülern Chakras kindgemäß näherzubringen. Chakra bedeutet „Rad" bzw. „Energierad". In unserem Klassenzimmer habe ich dafür eine Kristallschnur in Chakra-Farben aufgehängt. An der Kette befinden sich sieben Kugeln. Diese Kugeln spiegeln die 7 Energiezentren im menschlichen Körper wider: Das Wurzel-Chakra, Sakral-Chakra, Nabel-Chakra, Herz-Chakra, Hals-Chakra, Stirn-Chakra und Kopf-Chakra.

Innerhalb einer Kunst-Yoga-Werkstatt im Kunstunterricht können Sie verschiedene Stationen anbieten. Jede Station kann innerhalb eines Zeitraumes durchlaufen werden; die Erklärungen werden vorweg durchgeführt. Eine Zwischenreflexion sollte regelmäßig stattfinden. Mit Yoga-Musik im Hintergrund gestalten die Kinder so entspannt kreative Werke. So werden Yoga und Kunst miteinander vereint.

Station	Material	Ziel/Beispiel
Chakra-Mandala	Filzstifte, Buntstifte, Vorlage	Mandala kolorieren
Mandala kreativ	Papier (DIN A3), kreisförmige Pappschablone, Schere, Bleistift, Buntstifte, Lineal	Mandala selbst entwerfen und kolorieren
Mal-Meditation	Papier (DIN A3), Farbkasten, Pinsel, Yoga-Musik	Durch die sanften Klänge können die Kinder träumen und ihre Gedanken kreativ ausleben.

Station	Material	Ziel/Beispiel
Dot-Paint-Malerei *OM Zeichen am Whiteboard*	Papier (DIN A3), Wattestäbchen, Farbkasten, Wasser, Musik	Die Kinder entspannen durch Tupfen mittels Wattestäbchen.
Pustebilder	Papier (DIN A4), Farbkasten, Strohhalm, Pinsel Tipp: Die Schüler sollten viel Wasser verwenden und beim Pusten tief atmen.	Atemübung, Farbverläufe
Sandmalerei	Farbiger Sand, Karton, Flüssigkleber Tipp: Das Bild im Freien gestalten.	Sand legen, Sand kleben

6.4.2 Zen-Zeichnen: Fülleryoga-Übung (ab Klasse 2)

Das Zen-Zeichnen erhält mehr und mehr Einzug in den Kunstunterricht. Es hilft, zu entspannen und die innere Mitte zu finden.

Eine für Kinder verständliche Definition des Zen-Zeichnens lautet: Beim Zen-Zeichnen entsteht eine Zeichnung Linie für Linie. Muster werden spontan miteinander zusammengefügt, sodass eine Zeichnung wächst. Zen-Zeichnen ist also eine Form des meditativen Zeichnens; eine Art von Mandala, das nicht zwangsläufig einen Mittelpunkt hat, sondern spontan in verschiedene Richtungen wächst.

Das Zeichenformat selbst ist eher klein und bei Schülern sehr beliebt. Mit einem Fineliner bzw. mit dem Füller werden Flächen zeichnerisch mit sich wiederholenden Mustern gefüllt, die sich ganz intuitiv ergeben. Durch Zen-Zeichnen können sehr schöne Gemeinschaftsarbeiten gestaltet werden, wenn man viele Zeichnungen zu Puzzlebildern zusammenfügt. Auch können die Motive in einen Kreis gezeichnet werden. Man kann mit einer Blüte in der Mitte beginnen und diese nach außen mit Mustern versehen.

Ich setze diese Technik bewusst in der 2. Klasse als Füllerübung ein. Dabei werden gerade oder gewellte Linien direkt nebeneinander gesetzt oder man verteilt einige geometrische Formen auf dem Blatt. Diese werden viele Male umfahren, schließlich durch weitere Linien miteinander verbunden, sodass ein grafisches Kunstwerk entsteht.

Für den Füllerführerschein hatten die Zweitklässler täglich 10 Minuten Zeit, durch Zen-Zeichnen ihre Fantasie und Kreativität anzuregen, ihre Sicherheit im Umgang mit dem Füller zu schulen und zugleich zu entspannen. Jeder Schüler hatte in diesem Zeitraum eine eigene Zen-Zeichnen-Box (kleine, flache Schachtel) auf dem Tisch, in der die kleinen Zeichnungen gesammelt werden.

6.4.3 Zen-Zeichnen-Spiel (ab Klasse 1)

Eine weitere Möglichkeit, Yoga mit Kunst spielerisch zu verknüpfen, ist das Zen-Zeichnen-Kartenspiel. Das Spiel besteht aus beliebig vielen Tierkarten, die in Zen-Zeichnen-Technik erstellt wurden. Die Klasse erstellt sich selbst ein eigenes Spiel, die Ausmalvorlagen befinden sich im Anhang. In der Freiarbeit nutzen die Kinder gerne dieses Spiel: Sie ziehen eine Karte und gehen in die Yoga-Position. Die Bewegungen zwischendurch fördern die Aufmerksamkeit während des Unterrichts.

Einige Beispiele für Spielkarten:

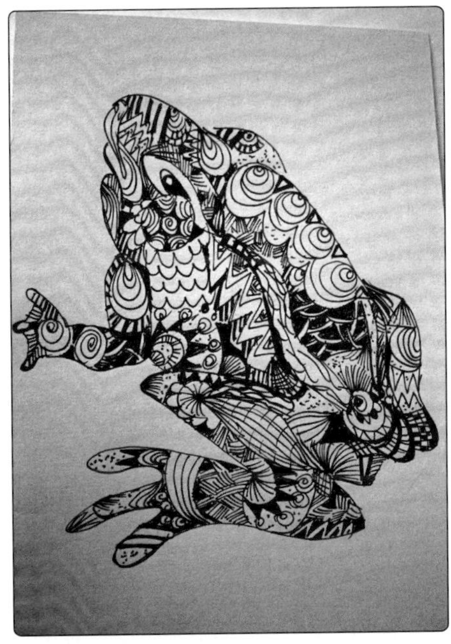

6.4.4 Inchies (ab Klasse 1)

Inchies sind kleine, quadratische Papierblätter (ursprünglich 2,54 × 2,54 cm klein), die mit viel Liebe zum Detail bemalt, beklebt, genäht, bestickt oder anderweitig mit Applikationen geschmückt werden.

Zunächst sollten Sie den Schülern ein Blanko-Inchie zeigen, das für Erstklässler allerdings zu klein zum Bearbeiten ist. Nutzen Sie für Erstklässler besser die Größe 5 × 5 cm.

Halten Sie an der Tafel fest, welches Motiv, welche Farben, welche Technik usw. von den Schülern genutzt werden soll, um daraus ein Yoga-Inchie zu gestalten.

Motive	Om-Zeichen, Lotusblume, Ganesha, Mandala, Zen-Zeichnen, Yoga-Tiermotive wie Schmetterling (siehe Kopiervorlagen)
Farben	Filzstifte, Füller, Bleistift, schwarzer Konturstift
Technik	Vordergrund und Hintergrund: Das gesamte Inchie sollte mit einem gewählten Yoga-Motiv farbig ausgestaltet sein (möglichst wenig weiße Fläche).

Selbstständig legen und kleben die Schüler im Anschluss ihre fertigen Inchies als Raster auf ein DIN A3 oder DIN-A2-Papier. Diese Arbeit kann als Erinnerung aufgehängt werden.

6.4.5 Steinmeditation (Klasse 1–4)

Sammeln Sie gemeinsam mit Ihren Schülern Steine oder lassen Sie die Schüler Steine mitbringen. Einzige Vorgabe: Der Stein sollte so groß sein, dass er in die Hand des Schülers passt.

Im Kunstunterricht können Sie dann mit den Schülern eine Steinmeditation durchführen: Die Schüler nehmen ihren jeweiligen Stein in die Hand und die Meditation beginnt. Der Lehrer liest den Text vor, wobei die Fragen von den Schülern still im Kopf beantwortet werden sollen (evtl. vorab Hinweis geben):

Text: Steinmeditation

Schaue dir deinen Stein an. Welche Farbe hat er? Nur eine? Oder kannst du viele Farben und Farbnuancen entdecken? Hat er verschiedene Formen?

Eines ist sicher, dein Stein ist einzigartig! Kein anderer Stein hier im Klassenzimmer ist genauso wie dieser Stein in deinen Händen. Schließe nun deine Augen und denke an deinen Stein. Fühlt er sich gut an? Spürst du seine rauen Flächen? Hat er auch glatte Flächen? Ist er klein? Fühlt er sich kalt an? Merkst du, wie er in deiner Hand immer größer wird? Nimm ihn fest in deine Hand, überlege, wie alt dieser Stein ist. Wo kommt dein Stein wohl her? War er einmal Teil eines Gebirges? Welchen Weg hat er zurückgelegt, um nun in deiner Hand zu liegen? Wurde er vielleicht von einem reißenden Gebirgsbach über Wasserfälle hierher gespült – vor vielen Millionen von Jahren?

Auf dieser Reise hat er ständig seine Form verändert: So ist er gegen andere Steine gestoßen und der Sand und das Wasser formten und glätteten seine Oberfläche. Konzentriere dich und taste die Oberfläche deines Steins noch einmal ab. Erzählt er dir vielleicht eine Geschichte?

Hättest du gedacht, dass so ein kleiner Stein eine so aufregende Geschichte besitzt? Drücke ihn noch einmal ganz fest, bevor du langsam deine Augen öffnest.

6.3.6 Intuitives Malen

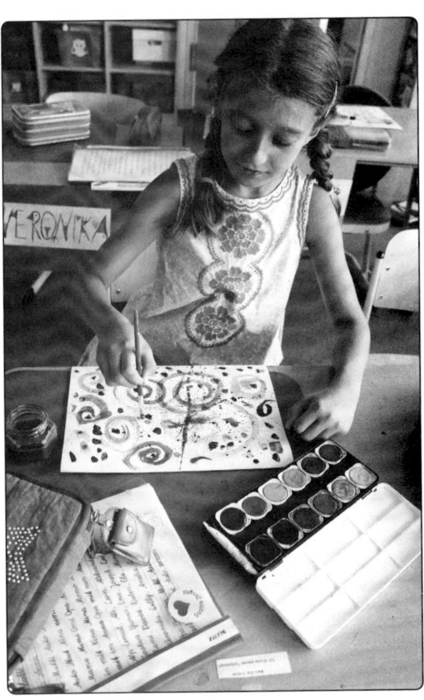

Malen und Yoga-Musik lassen sich zum sogenannten „intuitiven Malen" verbinden. Wie beim Yoga geht es nicht um Leistung und den Anspruch, etwas künstlerisch Wertvolles zu gestalten, sondern um den Ausdruck von Gefühlen in Farben. Vorerfahrung, Übungen und Begabung sind beim intuitiven Malen nicht wichtig. Es geht wie beim Yoga darum, in sein Inneres zu schauen und bei sich zu bleiben. Kein Vergleich oder eine Bewertung soll folgen, sondern wir malen oder üben Yoga, so gut wie wir in dem Moment können. Es geht um den Ausdruck von dem momentanen Gefühlszustand sowie um das Loslassen von Gedanken, Sorgen und Ängste.

Materialien:

Wasserfarben, Acrylfarben, Wachsmalkreiden, verschieden große Papiere (DIN A4 – DIN A2), Pinsel, Schwämme, Druckmaterialien wie Korken, Schnüre etc.

Während des intuitiven Malens hören die Kinder Musik aus dem Kundalini-Yoga, man kann außerdem einen leichten Yoga-Duft versprühen.

Die Technik ist frei, nichts wird vorgegeben. So können die Kinder mit der Farbe experimentieren, wie beim Erlernen neuer Yoga-Asanas spielerisch ihr Herz öffnen und Stress abbauen.

6.5 Sport

In den Lehrplänen der Grundschule spielen Entspannung und Anspannung eine wichtige Rolle: Die Kinder sollen den Wechsel zwischen Anspannung und Entspannung erfahren. Die Grundlagen für eine gesunde Körperhaltung sollen beschrieben und die entsprechenden Übungen ausgeführt werden. Diese Erwartungen können mit verschiedenen Asanas in Sonnengrüßen erfüllt werden.

6.5.1 Sonnengrüße (ab Klasse 1)

Im Sportunterricht bieten sich aufgrund des Platzes Sonnengrüße an, die auch Positionen beinhalten, für die sich die Schüler auf den Boden oder eine Matte legen können.

Der Sonnengruß im Flow, Variante 1 (Klasse 2)

Stehe aufrecht in der Berghaltung auf deiner Yogamatte.	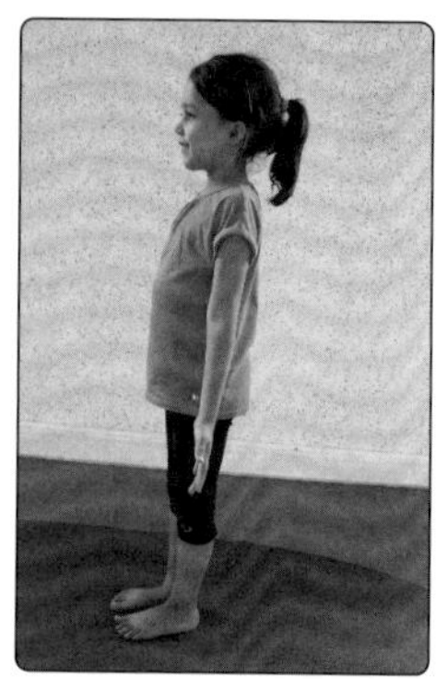
Setze deine Hände in Namaste-Haltung, atme dabei ein und aus.	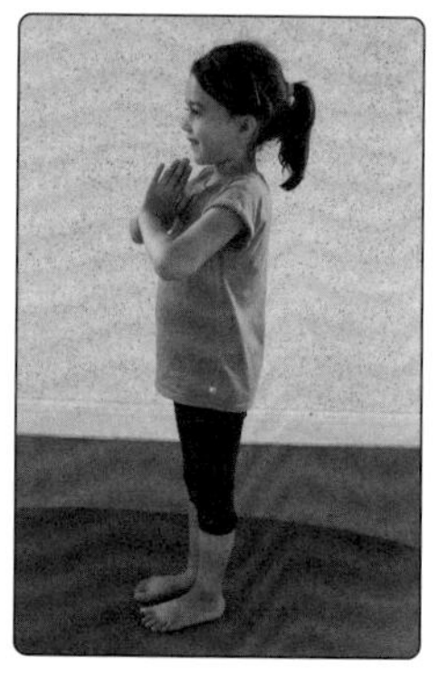
Hebe nun deine Arme mit dem Einatmen an, schaue zur Decke und beuge dich vorsichtig zurück. Spanne den Po an.	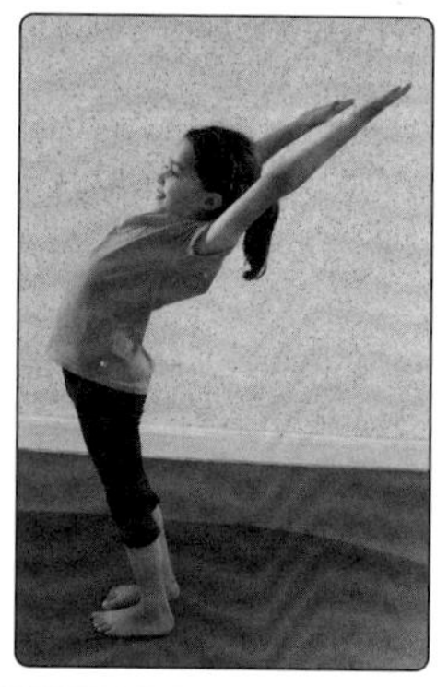

Schiebe mit dem Ausatmen deinen Po nach hinten und beuge dich nach vorne.	
Beuge deine Knie und stelle deine Hände neben deine Füße, atme ein und aus.	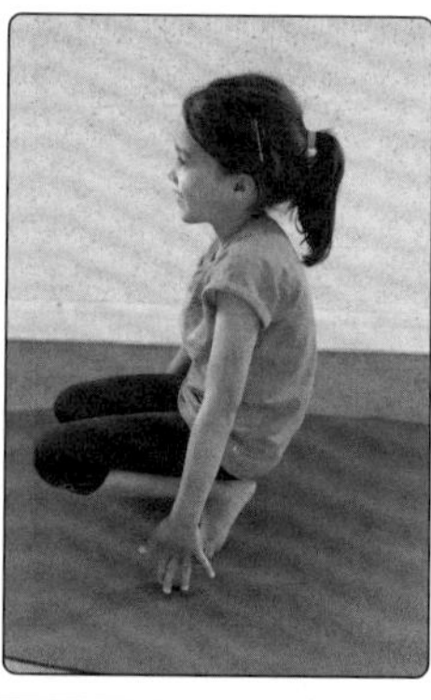
Strecke nun dein rechtes Bein weit nach oben.	

Stelle dein Bein hinten ab.	
Lege dein Knie ab und komme in die Position des Sprinters.	
Stelle dein anderes Bein nun zurück und komme in die Position des nach unten schauenden Hundes. Atme aus.	
Setze dein rechtes Bein wieder nach vorne, wie ein Sprinter, atme dabei ein.	
Setze dein linkes Bein ebenfalls nach vorne, atme aus und strecke vorsichtig deine Beine.	

Komme in die Hocke, halte deine Arme neben die Ohren und blicke geradeaus.	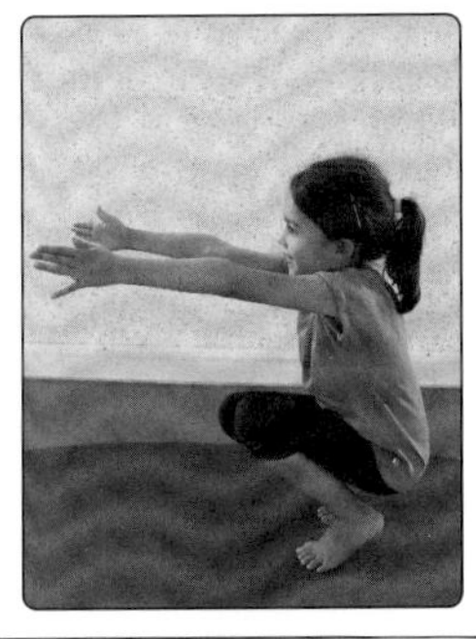
Strecke deinen Rücken und komme in die Rückbeuge.	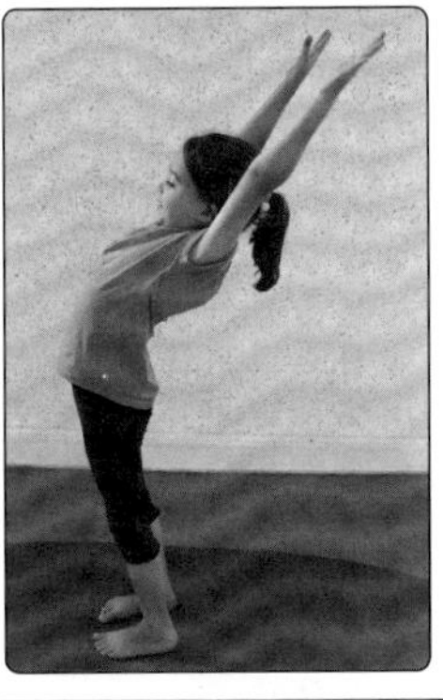
Atme in der Stellung „Namaste" aus.	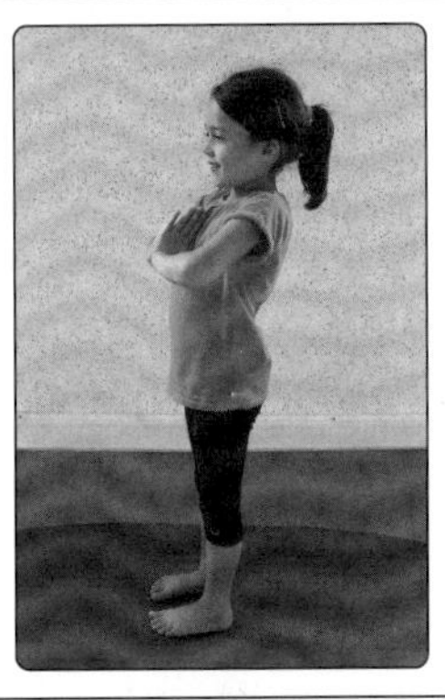
Schließe mit der Berghaltung deinen Sonnengruß ab.	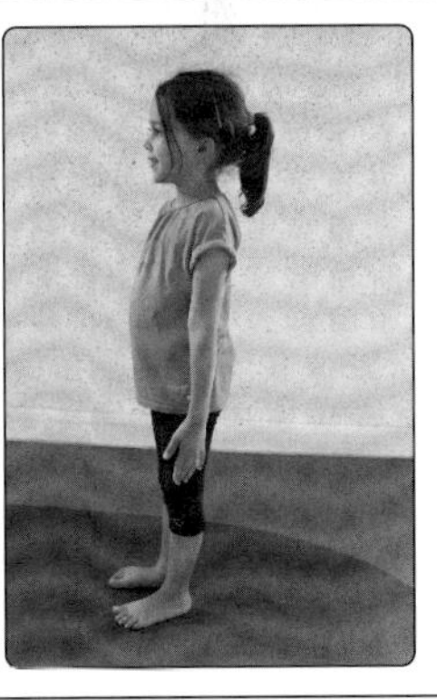

Der Sonnengruß im Flow, Variante 2 (Klasse 3)

Folgender Sonnengruß entstand in der 3. Jahrgangsstufe für den Sportunterricht. Der Text wird von den Schülern gesprochen.

	Asana-Sequenz	Text
	Namaste-Haltung: Lege die Hände vor der Brust aneinander und dehne die Ellenbogen nach außen.	Ich grüße mein kleines Herz, das voller Leben schlägt.
	Grätsche deine Beine im aufrechten Stand und hebe die Arme seitlich nach oben. Spreize die Finger und hebe dein Brustbein an.	Ich grüße die Sonne, die immer scheint.
	Beuge dich mit gestreckten Beinen und lege die Hände auf den Boden.	Ich grüße die Erde, die mich trägt.
	Strecke dein rechtes Bein nach hinten wie beim Startlauf.	Ich grüße den heutigen Tag.
	Gehe in die Stellung des Hundes, der nach unten schaut. Drücke im Vierfüßlerstand die Hände fest auf den Boden und stelle die Zehen auf. Drücke deinen Po nach hinten oben. Versuche dabei, deine Beine zu strecken. Halte die Wirbelsäule gerade und schaue zum Bauchnabel.	Ich bin stark wie ein Berg.

	Asana-Sequenz	Text
	Strecke im Vierfüßlerstand die Beine nach hinten und stelle dich auf die Zehengrundgelenke. Du bist wie eine schiefe Ebene, ein Brett. Achte darauf, dass sich deine Hände unter den Schultern befinden und die Arme gestreckt sind.	Ich bin sicher wie eine Brücke.
	Vom Brett aus streckst du ein Bein nach oben in die Luft und wechselst es, leicht wie ein Vogel.	Ich bin leicht wie ein Vogel.
	Lege dich in die Bauchlage und setze deine Hände in Brusthöhe auf den Boden. Richte deinen Oberkörper auf und lass die Schultern sinken. Halte den Oberkörper oben.	Ich schaue zu den Wolken.
	Gehe in die Stellung des Hundes, der nach unten schaut. Drücke im Vierfüßlerstand die Hände fest auf den Boden und stelle die Zehen auf. Drücke deinen Po nach hinten oben. Versuche dabei, deine Beine zu strecken. Halte die Wirbelsäule gerade und schaue zum Bauchnabel.	Ich schaue zu der Wiese hinab.
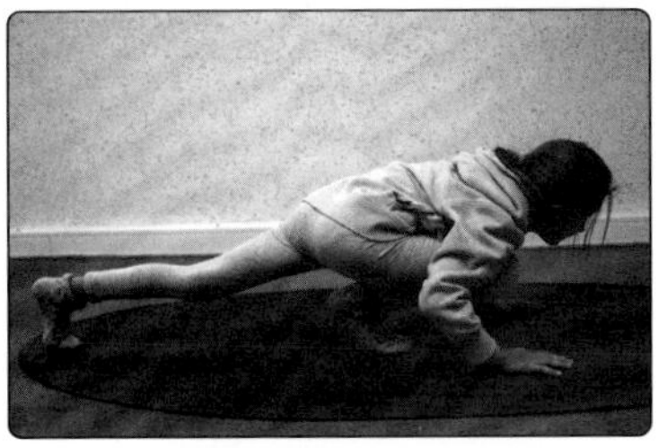	Strecke dein linkes Bein nach hinten wie beim Startlauf.	Ich grüße die Welt.
	Beuge dich mit gestreckten Beinen und lege die Hände auf den Boden.	Ich verbeuge mich vor der Erde.

	Asana-Sequenz	Text
	Grätsche deine Beine im aufrechten Stand und hebe die Arme seitlich nach oben. Spreize die Finger und hebe dein Brustbein an.	Ich strecke mich der Sonne entgegen.
	Namaste-Haltung: Lege die Hände vor der Brust aneinander und dehne die Ellenbogen nach außen.	Namaste.

6.5.2 Partneryoga-Übungen (Klassen 1–4)

Im Sportunterricht bieten sich Partnerübungen an, mit denen auch gleichzeitig das Sozialverhalten der Klasse verbessert und gestärkt werden kann. Bei Partner- oder Gruppenübungen muss achtsam miteinander umgegangen und Rücksicht genommen werden. Viele Werte können dabei bewusst wahrgenommen und spielerisch erfahren werden: Rücksicht, Achtsamkeit, Empathie, Eigenwahrnehmung, Ehrlichkeit usw.

Kinder, besonders in den Ganztagesklassen, haben ein Bedürfnis nach Geborgenheit und Nähe. Mittels Yoga-Elementen können die Kinder dieses bei Partnerübungen erfahren. Durch die Partnerübungen wird die Zusammengehörigkeit intensiv gefördert, sodass der Schüler den eigenen Körper und den des Gegenübers besser kennenlernt.

Auf den Seiten 67 und 68 (Kapitel Sachunterricht) wurden bereits einige geeignete Partnerübungen wie Lotusblume, verliebte Schwäne, Fantasie-Einhorn, Libelle und Wurzelgeflecht vorgestellt. Weitere mögliche Übungen können sein:

Partner-Asana	So kommst du in die Position/Wirkung
 **Schornstein**	Legt euch auf den Rücken, wobei der Po ganz nah aneinandergebracht werden muss. Eure Beine sind gestreckt nach oben und aneinander angelehnt. Ihr könnt euch an den Händen fassen. Wirkung: Entgiftung, Entlastung, Dehnung der Beine; Rücken, Beine und Nacken werden entspannt.
 **Rabe**	Setzt euch hintereinander. Ein Kind kommt in die Position der Krähe (evtl. Kissen vor den Körper legen). Der Partner hält zur Stabilisierung des Gleichgewichts die Füße. Wirkung: Konzentration und Gleichgewicht werden gefördert und die Handgelenke gekräftigt.
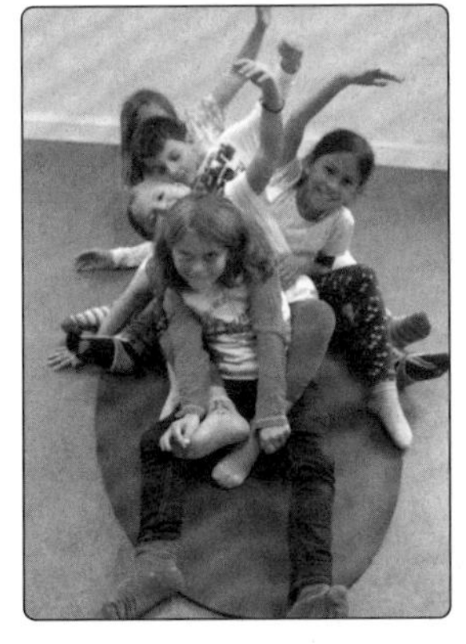 **Achterbahn**	Setzt euch mit gespreizten Beinen hintereinander. Schlingt die Arme um den Bauch eures Vordermanns. Alle Bewegungen sind möglich: nach hinten lehnen, da die Bahn bergauf fährt, nach vorne lehnen, da die Bahn nach unten saust, auch Kurven links und rechts machen Spaß. Wirkung: Gefühl der Gemeinschaft; Rücksichtnahme wird trainiert.

6.5.3 Yoga-Tanz

Auch Tanz und Yoga können miteinander verknüpft werden. Besonders geeignet sind dafür die Yoga-Positionen Lotusblume, Boot, Frosch, Vorbeugen, Sprinter, Brett, Kobra, Hund, Ritter und tanzender Ritter, Baum, Wolf.

6.6 Religion/Ethik

6.6.1 Sonnengruß (ab Klasse 2)

Auch im Religions-/Ethikunterricht kann Yoga integriert werden. Ich übe im Religionsunterricht einen Sonnengruß. Die Bezeichnung „Gott" kann je nach Konfession angepasst werden.

Gesprochener Text	Yoga-Position
In der Religionsstunde stehe ich still vor dir, lieber Gott.	Namaste
Komm und erleuchte mich.	Rückbeuge (Arme nach oben hinten)
Neige dich herab, um mich zu segnen.	Vorbeuge
Ich schaue auf zu dir am Morgen.	Sprinter
Denn du hältst mein Leben im Gleichgewicht.	Brett
Du bist mein Boden, der mich hält.	Liegestütz
Ich halte immer Ausschau nach dir.	Kobra
Denn du kennst mein Innerstes.	Hund
Beschütze mich und alle Menschen um mich herum.	Sprinter
Bewahre uns vor allem Schlechten.	Vorwärtsbeuge
Nun öffne ich mich dir mit meinem Herzen.	Rückbeuge
Alles ruht friedlich in mir.	Namaste

Ein von Yoga inspiriertes Gebet kann eine Religionsstunde wundervoll abschließen:

Danke, dass ich gesund bin an Leib und Seele, danke, dass ich hier leben darf, in Harmonie und Wohlstand. Ich verspreche mir, stets achtsam zu sein – achtsam mit meinen Gedanken, Worten und Taten. Achtsam und liebevoll gehe ich mit mir selbst um und mit meiner gesamten Umgebung. Mögen alle Lebewesen glücklich sein und frei von Leid. Mögen alle Lebewesen gesund sein und in Harmonie leben. Und mögen mein Denken und mein Handeln zu dem Glück aller Wesen beitragen. Amen!

Affirmationen bei Stehhaltungen (nach Christine Langer)

Yoga-Position	Affirmation
Ritter (Krieger 1)	Ich stelle mich meinem Leben und meinen Herausforderungen.
Ritter 2 (Krieger 2)	Jeder Atemzug verbindet mich mit den Kräften, die mir alles schenken für ein Leben, das glücklich ist und mich erfüllt.
Tänzer	Ich bin stets in meinem inneren und äußeren Gleichgewicht.
Tanzender Krieger	Ich bekomme jede Hilfe, die ich brauche.
Dreieckshaltungen wie Giraffe	Ich verbinde mich mit der Kraft des Himmels und der Erde.
Vorbeugen	Mein starker Rücken schützt mich. Voller Vertrauen gehe ich in die Stille, komme zu meinem wahren Selbst.
Baum	Ich bekomme alles, was ich brauche – und ich gebe alles, was ich kann – mit leichtem Herzen.

Yoga-Position	Affirmation
Kobra	Ich erkenne meine aufrichtende Kraft.
Heuschrecke	Die Kraft in meinem Rücken gibt mir Kraft für mein Leben.

6.6.2 Philosophieren: Dankbarkeitsstunde (ab Klasse 1)

Ein Thema, das jederzeit im Unterricht angesprochen werden kann, ist Dankbarkeit. Sie ist die wertvollste Eigenschaft, die ein Mensch besitzen kann. Wir drücken damit Anerkennung aus.

Dankbarkeit ist die intensivste Form positiven Denkens. Wir spüren gleichzeitig Freude, Frieden und Glück. Dankbarkeit und Yoga ergänzen sich, denn beide helfen uns, uns gut zu fühlen. Beim Yoga können wir spüren, wie unser Körper arbeitet und sich bewegt. Wir können uns so daran erinnern, für unseren gesunden Körper dankbar zu sein. Kindern erkläre ich Dankbarkeit so: Sie kommt aus unserem Herzen und Yoga hilft uns dabei, unsere Herzen zu öffnen, sodass wir Dankbarkeit und vieles mehr in die Welt hinaustragen können.

In einem Unterrichtsgespräch sollten Sie gemeinsam mit den Schülern sammeln, wofür jeder dankbar ist. Anschließend folgt der praktische Teil, um den Körper zu spüren: Mithilfe verschiedener Yoga-Positionen wird die Aufmerksamkeit der Kinder auf bestimmte Körperteile gelenkt. Die Kinder können so für das selbstverständliche Funktionieren ihres Körpers Dankbarkeit erlernen.

Yoga-Position	Gesprochener Text
Peace-Stand	Jeden Tag dürfen wir in die Schule gehen, danke für unseren gesunden und kräftigen Körper.
Drehsitz	Wir sind dankbar für unsere Beweglichkeit in alle Richtungen.

Yoga-Position	Gesprochener Text
Schwan	Unser Herz schlägt selbstverständlich, ich danke dafür.
Fliegender Lotus	Unsere Beine und Füße tragen uns den ganzen Tag.
Ich-Haltung	Wir danken für unsere Arme und Hände, mit denen wir uns und andere Menschen umarmen können.

6.7 Textiles Gestalten

6.7.1 Nähen eines Augensäckchens mit Lavendel für die Entspannung (ab Klasse 3)

Für eine noch tiefere Entspannung eignen sich Augensäckchen.

Folgende Materialien benötigt man für ein Kissen:

Stoff (am besten Seide oder ein glatter Baumwollstoff), 100 Gramm Leinsamen, 4 EL gehäufte Lavendelblüten (aus der Apotheke), Nähnadel, Nähgarn, Stecknadel, Schere, Papier, Nähmaschine.

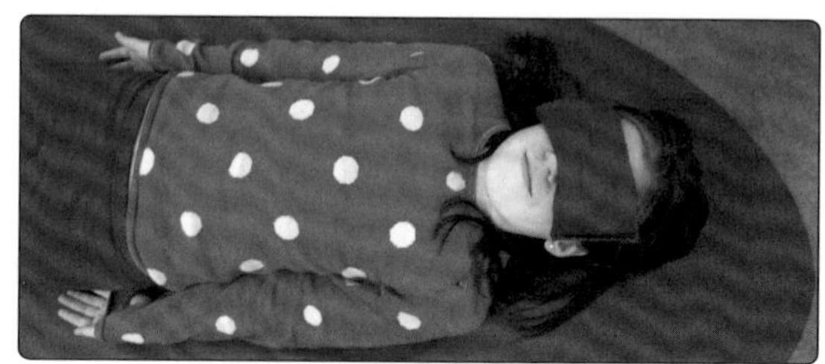

So geht es:

Zunächst erstellen die Schüler aus Papier eine Schablone (Größe 20 × 10 cm) und legen diese auf den doppelt gelegten Stoff, sodass die kurze Seite auf der Falz liegt. Dann wird mit der Nähmaschine oder von Hand eine 1 cm breite Naht genäht, dabei werden an einer der kurzen Seiten etwa 4 cm offen gelassen. Dies ist die Wendeöffnung, durch die man die Maske nach dem Nähen umdreht.

Die rechte Seite des Stoffs wird nach außen gestülpt (Essstäbchen für die Ecken benutzen). Im Anschluss wird der Leinsamen mit dem Lavendel gemischt und mit einem Trichter (gerolltes Papier geht auch) in die Hülle gegeben. Das Loch wird nun mit einer verdeckten Naht (Matratzenstich) von Hand zugenäht.

6.8 Musik

Wie in den vorherigen Fächern beschrieben, setze ich viel Musik ein, die die Kinder als wohltuend empfinden und mit der sie entspannen können. In diesem Kapitel möchte ich nur Empfehlungen nennen, die von Schulkindern gerne gehört und mitgesummt bzw. mitgesungen werden.

Sänger/Interpret	Titel der CD
Snatam Kaur	Sacret Chants für Healing, Anand Bliss, Shanti, Grace, Prem, Celebrate Peace
Deval Premal	Dakshina
Mirabei Ceibi	Awakened Earth
Lex van Someren	AUM Mantra
Snatam Kaur	Feeling good today (Kinder-CD)
Leila Ostendorp, Philipp Stegmüller	Schön, dass du da bist!

6.8.1 Mantra

Mit dem Vorsingen und Nachsingen von Mantren können Yoga und Musik ebenfalls miteinander verbunden werden. Ich setze überwiegend Mantren aus dem Kundalini Yoga ein, weil diese für Schulkinder einfach zu rezitieren sind. Beim Singen kann man den Verstand vollkommen ausschalten, denn es ist nicht wichtig, die Silben aus dem Sanskrit zu verstehen, es geht nur um den Klang, der uns entspannen lässt. Diesen Sprechgesang nennt man auch Yoga-Chant, weil dieses Singen spezielle Schwingungen hervorruft, die Körper, Seele und Geist entspannen lassen. „Om" ist das klassische Yoga-Mantra, das „absoluter Frieden" bedeutet.

6.9 Englisch (ab Klasse 3)

6.9.1 Tri Yoga – Englische Begriffe

Auch im Englischunterricht der Grundschule können Yogael-Emente spielerisch eingesetzt werden. Dem natürlichen Bedürfnis der Kinder nach Bewegung sollte im Fremdsprachenunterricht nachgegangen werden, um den Wortschatz zu erweitern. Bewegtes Lernen durch Yoga-Asanas kann zur Steigerung der Lernleistung und zu größeren Lernerfolgen und höheren Behaltensleistungen führen. Die Yoga-Richtung „Tri Yoga" nutzt sogar bevorzugt englische Begriffe wie Butterfly, Tree, Triangle, Swan, Tortoise und Warrior. Mittels Bildkarten, in einer Yoga-Kiste gesammelt, können spielerisch englische Tiernamen gelernt werden, wenn Kinder in die Position kommen. Meiner Meinung nach sind die Freude und der Spaß am Englischlernen entscheidend. Dies kann erreicht werden, wenn Yoga-Bewegungen als Lernhilfe eingesetzt werden.

6.9.2 Lachyoga-Übungen

Der Englischunterricht lebt in der Grundschule von Ritualen, wie bei der Begrüßung und Verabschiedung. Eine weitere Möglichkeit, der Fremdsprache Englisch zu begegnen, ist Lachyoga. Das Lachen bewirkt, dass durch häufigeres Einatmen die Leistungsfähigkeit gefördert wird. Bevor mit den Lachyoga-Übungen begonnen wird, atmet die Klasse mit dem Atemball mehrmals tief ein.

Englischer Begriff	Ausführung
Say Hello	 Kinder gehen mit ausgestreckten Händen durch den Raum, begrüßen den Mitschüler mit einem kräftigen „Hihi hihi"-Lachen.
Chicken Wings	 Die Hände werden unter die Achseln gelegt (Hühnerflügeln nachempfunden). Das Lachen folgt automatisch: „Hahaha"-Lachen.
Santa-Claus-Lachen	 Die Kinder verschränken ihre Hände unterhalb des Bauchnabels, strecken ihren Bauch nach vorne und kommen in ein Hohlkreuz: „Hoho" wird gelacht.

6.9.3 Yoga-Games

Eine weitere Idee, Yoga mit Englisch im Unterricht der Grundschule zu verknüpfen, ist der Einsatz von Spielen, zum Beispiel als „Yoga-Animals-Quiz". Dabei werden auf Bildkarten verschiedene Tiere gezeichnet. Diese Tiere sollen durch Rätselfragen in Form eines Quiz erraten werden.

Beispiel:
- *My animal has got 4 legs, it has got black and white stripes. (Zebra)*
- *My animal is grey and has got a trunk as a nose. (Elephant)*
- *My animal has got 4 legs and has got a brown mane. It has got a loud roar and it is very strong. (Lion)*

Anschließend kommen die Kinder in die jeweilige Position. Folgende Tiere eignen sich: *Camel, Monkey, Tiger, Crocodile, Kangaroo, Bird, Hippo, Snake, Tortoise, Lion.*

6.9.4 Yoga-Stories

Auch Geschichten eignen sich hervorragend, um den Wortschatz einzuführen. Realien oder Bildkarten werden genutzt, um den Begriff im Gedächtnis zu speichern. Wichtig sind auch die deutliche Aussprache des zu lernenden Wortes, das Wiederholen der Schüler im Chor und die anschließende Yoga-Bewegung.

Hier ein möglicher Ablauf am Wortbeispiel „Chair – Stuhl":

Teacher: This is a chair. Can you all say chair?
Pupils: Chair. (Schüler wiederholen das Wort.)
Teacher: In Yoga a chair looks like this. (Utkatasana-Position)
Pupils: (Die Schüler wiederholen das Wort „Chair" und kommen in die Yoga-Position des Stuhles.) 

Dieses englische Mantra kann im Unterricht gesungen oder gesprochen werden, es ist einfach und lässt Kinder zur Ruhe kommen: *May the long time sun shine upon you, all love surround you, and the pure light within you guide your way on.*

6.10 Herzbildungsunterricht (ab Klasse 1)

6.10.1 Werteerziehung

Seit einigen Jahren nehme ich mindestens einmal in der Woche eine Unterrichtsstunde Zeit für die Herzbildung. Diese Bildung ist für die Entwicklung der Persönlichkeit bezüglich der menschlichen Qualitäten sehr wertvoll. Meiner Meinung nach ist es trotz Lehrplanfülle und steigendem Leistungsdruck sehr wichtig, den Schülern Werte für das soziale Miteinander näherzubringen. Die Basis dieser Bildung liegt sicher auch in der Familie, aber meine Erfahrungen in der Ganztagesklasse ließen mich umdenken. Wir Lehrkräfte müssen nicht nur fachliche Leistungen fördern, sondern auch das Bewusstsein für menschliche Wärme, für selbstverständliche Werte wie Ehrlichkeit, Empathie, Kooperation, Respekt gegenüber Menschen, Teamfähigkeit und Kommunikation fördern. Fühlen und Denken können nicht getrennt werden, denn nur auf einem sicheren emotionalen Fundament kann Leistungsfähigkeit entwickelt werden. Es sollte eine positive Lebenseinstellung vermittelt und eine Gemeinschaft gebildet werden, in der die individuellen Stärken des Einzelnen entdeckt und gefördert sowie Gemeinsamkeiten in den Unterschieden erkannt werden.

Für den Herzbildungsunterricht gibt es unterschiedliche Vorgehensweisen: Manchmal lese ich Geschichten aus Büchern vor (Oups Bücher kann ich sehr empfehlen), oder ich erfinde Geschichten, die eine bestimmte Thematik wie Angst, Streit usw. haben. Auch nutze ich Situationen in der Klasse, auf die ich im Gespräch näher eingehe. Bereits im ersten Schuljahr besitzen die Kinder ein Herzbildungsheft, in dem Bilder gemalt und später Sätze notiert werden, die wichtig für unsere Gemeinschaft sind.

Meine Planung im ersten Schuljahr beinhaltete folgende Themen: Selbstvertrauen entwickeln, Fehler machen, verzeihen lernen, die Wahrheit sagen, sich in den anderen hineinversetzen, helfen und Hilfe annehmen, Verhalten in der Spielzeit, sich an kleinen Dingen freuen, eigene Emotionen wahrnehmen, … Auch Gefühle wie Angst, Wut, Traurigkeit können unser Denken und Handeln lähmen und unser Leistungsvermögen beeinträchtigen. Diese Gefühle zu benennen und zu beschreiben wird im Herzbildungsunterricht zum Thema gemacht. Wir leben in einer „Kaputt- und Weg-Mentalität". Dies zu vermeiden ist ebenso ein Thema, denn die Wertschätzung des Menschen beginnt mit der Achtung vor den kleinen Dingen des Alltags. In vielen Rollenspielen wird der Empathie-Horizont der Schüler dadurch erweitert.

6.10.2 Achtsamkeitstraining

Achtsamkeit bedeutet Aufmerksamkeit bezüglich des „im Moment sein". Die Kinder schweifen nicht ab, sondern sind völlig auf das Hier und Jetzt fokussiert. Achtsamkeitstraining schafft mehr Ruhe im Klassenzimmer. Es wirkt entschleunigend und stressreduzierend. Um dies zu erreichen, muss gelernt werden, den Körper wahrzunehmen und zu spüren. Deshalb finden in meinem Herzbildungsunterricht Wahrnehmungsübungen statt. Dabei gelten immer Regeln wie: Konzentriere dich auf das Körperteil, um das es in der Stunde geht! Bewege dich langsam! Bei Schmerzen höre bitte auf.

Wahrnehmung der Körperteile: Füße und Beine, Brustkorb und Rücken, Schulter und Nacken, Hand und Arm, Augen.

Beispiel Augenuhr (ab Klasse 2 nach Einführung der Uhr) mit Nackendehnung

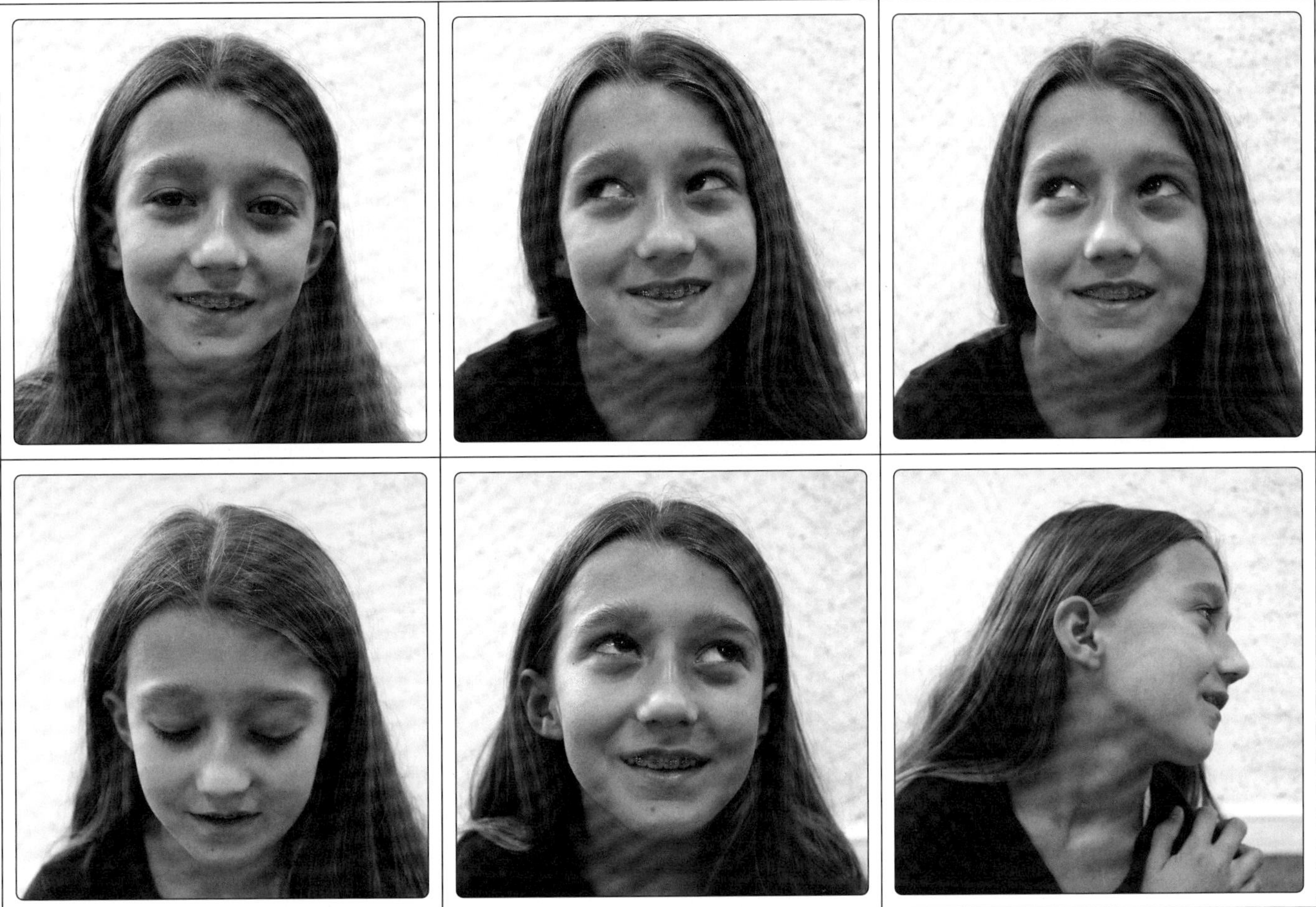

Zunächst werden die Hände gerieben, bis sie heiß geworden sind. Anschließend werden die Handflächen auf die Augen gelegt, damit diese die Wärme aufnehmen können. Nun folgt die Augenuhrübung, bei der die Muskeln der Augen trainiert und gekräftigt werden. Die Kinder stellen sich dabei eine Uhr vor und richten ihre Augen gedanklich auf die verschiedenen Zahlen der Uhr, die der Lehrer nennt.

Vorschlag: *„Schaue auf die 1, schaue auf die 7 (diagonal), schaue von rechts nach links, also von der 3 zur 9, von der 9 zur 3. Beginne jetzt bei der 12 und schaue im Uhrzeigerinn auf jede Zahl auf dem Ziffernblatt."*

Anschließend folgt eine Runde gegen den Uhrzeigersinn. Die Lehrkraft kann beliebig ansagen. Abschließend wird der Nacken kurz gedehnt (siehe letztes Bild).

Augenübung für die Klasse 1 (vor der Einführung der Uhr)

Der Marienkäfer

Stelle dir einen Marienkäfer vor, der in unserem Klassenzimmer auf der Wand vor dir sitzt. Zähle seine Punkte und schaue ganz genau, wie er läuft. Er krabbelt zu dir und setzt sich direkt vor dir auf den Tisch. Da erblickt dich der Marienkäfer. Er sieht sehr freundlich aus und auch neugierig. Getrieben von seiner Neugier, setzt er zum Start an, fliegt fröhlich vor dir und nimmt Kurs auf deine Nase, wo er sich niederlässt. Da sitzt er nun und schaut dir tief in die Augen. Du spürst sein Gewicht und auch ein leichtes Kitzeln auf der Nase. Dann scheint sich der Marienkäfer leicht zu verneigen und macht sich wieder auf zu seiner Entdeckungstour durch das Klassenzimmer: Er fliegt auf das Whiteboard, auf die Uhr, auf die Türklinke und dann schließlich Richtung offenes Fenster, wo er dann auch letztlich verschwindet. „Bis zum nächsten Mal, kleiner Marienkäfer!"

7. Yoga-Lapbook

Ein Lapbook entsteht, während man sich bastelnd und schreibend mit einem Sachthema beschäftigt. Es handelt sich dabei um eine aufklappbare Mappe aus Tonpapier zu einem bestimmten Thema. Die einzelnen Inhalte werden im Inneren auf verschiedenartigen Formaten wie z. B. Karten, Klappen, Leporellos, Drehscheiben usw. visuell aufgegriffen und präsentiert. Das Lapbook ist eine motivierende Präsentationsform für individuelle Lernergebnisse. Als Abschlussarbeit der Grundschulzeit in der 4. Klasse bietet sich ein Yoga-Lapbook an, in dem das gesammelte Wissen als Erinnerung fixiert wird.

Die Lehrkraft könnte Materialien als Kopien zur Verfügung stellen: Sonnengruß, Mantra, Göttergeschichten, Gedichte zu Yoga, Yoga-Zungenbrecher, Yoga-Asanas usw.

Beispiel für ein Yoga-Lapbook, Klasse 4

8. Praxiserprobte Mudra-Haltungen für den Unterrichtsalltag (Finger-Yoga)

Mudras sind symbolische Finger-, Augen- und Körperhaltungen, die auf den Energiefluss und bestimme Bewusstseinszustände in unserem Körper wirken. Es gibt im Hatha-Yoga 25 Mudras; die Finger-Mudras werden als Konzentrations- und Achtsamkeitshilfe genutzt.

Jeder Bereich der Hand ist mit einem bestimmten Teil des Körpers und des Gehirns verbunden und entspricht unterschiedlichen Emotionen und Verhaltensweisen. Den Kindern habe ich erklärt, dass dies „Finger-Yoga" ist und wir damit unser Wohlbefinden stärken, uns selbst mit Energie versorgen und vor allem unseren emotionalen Zustand wie Aufregung oder Angst vor einer Lernzielkontrolle in Konzentration lenken können. Finger-Yoga kann schnell als kleine Entspannungsübung eingesetzt werden. Das bekannteste Mudra ist das **Atmanjali-Mudra**, die Kinder nennen es die **Namaste**-Haltung (in Indien Begrüßungs- oder Danksagungsgeste).

Das besondere Konzentrationsmudra habe ich bereits in der 1. Klasse eingeführt. Die Kinder bekamen den Auftrag, die Hände prominenter Persönlichkeiten wie die der Bundeskanzlerin oder der Moderatoren in der Tagesschau zu beobachten. Die Kinder stellten fest, dass sie alle ihre Fingerkuppen aufeinander legen, um den Faden nicht zu verlieren.

Folgende Mudras kann ich aus Erfahrung empfehlen:

Mudra für den Unterricht	**So wird geübt**
Selbstvertrauen-Mudra	Die flachen Hände werden umgekehrt aneinandergelegt, sodass sich die Handrücken berühren. Es verhilft zu mehr innerer Stabilität und stärkt das Selbstwertgefühl.
Hakini-Mudra	Alle Fingerspitzen werden aufeinandergelegt, wir atmen tief durch die Nase und noch tiefer durch den Mund wieder aus. Ideal bei Konzentrationsschwäche.

Mudra für den Unterricht	**So wird geübt**
 Uttarabodhi-Mudra	Die Hände werden ineinander verschränkt, die Zeigefinger und Daumen sind aneinandergelegt und gestreckt. Die Zeigefinger zeigen nach oben, die Daumen zum Brustbein. Eine Übung ideal bei Konzentrationsstörungen.
 Padma-Mudra	Beide Handflächen werden vor der Brust aneinandergelegt. Daumen, kleiner Finger und Handballen bleiben beieinander, die anderen Finger werden wie zu einer Blüte gestreckt. Dieses Mudra fördert Selbstliebe und Selbstvertrauen und löst Ängste.
 Pran-Mudra	*(Übung mit nur einer Hand)* Die Spitzen von Daumen, Ringfinger und kleinem Finger werden aneinandergelegt und sanft gedrückt. Zeige- und Mittelfinger werden gestreckt. Diese Haltung macht den Kopf frei, ein Energieschub folgt!
 Gehirn-Mudra	Ringfinger und kleiner Finger jeder Hand werden Richtung Handmitte gebeugt, mit dem oberen Daumenglied wird sanft auf die oberen Glieder der Finger gedrückt (auf die Nagelfläche). Diese Übung hilft bei Lernstörungen und Konzentrationsschwäche.

Mudra für den Unterricht	**So wird geübt**
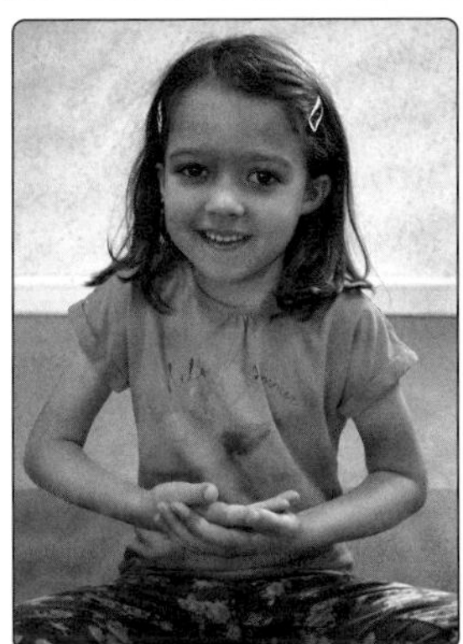 Dhyani-Mudra	Beide Hände werden wie Schalen in den Schoß gelegt, dabei liegt die linke Hand auf der rechten. Beide Daumen berühren sich an den Spitze. Dieses Mudra hilft bei Stress, Prüfungsangst und Nervosität.
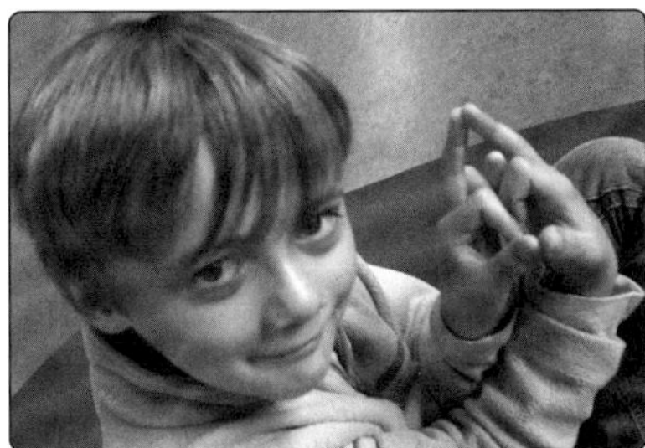 Kalesvara-Mudra	Die Daumen und Spitzen der Mittelfinger werden aneinandergehalten. Der Mittelfinger ist gestreckt, die anderen Finger sind nach innen gebogen und werden mit den zweiten Fingergliedern sanft gegeneinandergedrückt. Diese Übung hilft bei Stresskopfschmerz, sie schafft neues Gefühl für Raum und Zeit und entwickelt geistige Klarheit.
 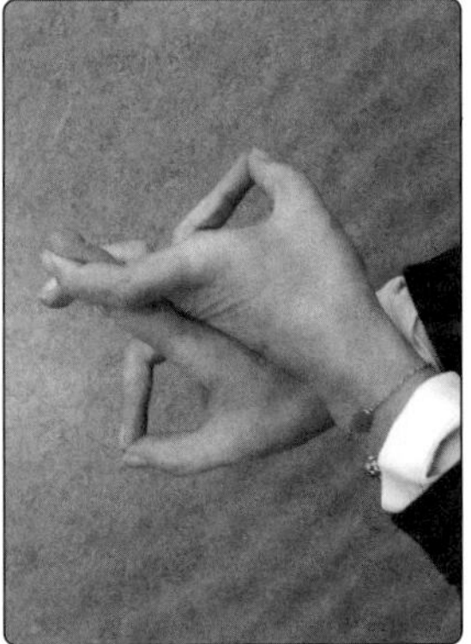 Löwenherz-Mudra	Das Löwenherz-Mudra ist das Mudra des furchtlosen Herzens. Die Hände werden an den Handrücken ausgerichtet: kleine Finger, Mittelfinger und Zeigefinger verhaken sich, der Ringfinger und der Daumen berühren sich an der Fingerspitze. Ich nenne dieses Mudra Herz-Mudra, denn diese schwierige Haltung positionieren wir vor unserem Herzen. So brauchen wir, genauso wie der Löwe, keine Furcht zu haben.

9. Literaturverzeichnis und Tipps

Quellen:

Christiansen, A. (2014): Mudras – Yoga für die Hände. Irsiana, München

Deval M. Fronty, A. (2007): Die Tiere der Bibel für Kinder. Patmos Verlagsgruppe, Ostfildern

Emoto, M. (2013): Die geheimnisvolle Sprache des Wassers. Bio Energetik Verlag, Kinsau

Gibbs, B. (2003): Yoga für Kinder. Urania, Königsfurt

Graf-Aust, R. (2007): Yoga-Märchen. Sat-Nam Media Versand

Kaivalya, A.; van der Kooij (2011): Als Vishnu eine Lotusblume gebar. Südwest-Verlag, München

Kündig, B; Schluep, B. (2015): Yoga Nidra für Kinder. Windpferd Verlag, Oberstorf

Maheshwarananda, P. (1990): Yoga mit Kindern. Hugendubel, München

Middendorf, K.; Sturm, R. (2014): Götteryoga. Gräfe und Unzer, München

Proßowsky, P. (2007): Bewegung und Stille im Klassenzimmer. Persen Verlag, Hamburg

Schauer, B.; Nausch, G. (2015): Yogakarten mit dem kleinen Yogi. Urania, Königsfurt

Stiefenhöfer, M.; Röcker, A.; Neumann, U. (1997): Entspannungsübungen für Vorschulkinder. Südwest-Verlag, München

Viegas, M. (2007): Entspannende Abenteuer. Param Verlag, Ahlerstedt

Wenig, M. (2003): Yogakids. Riva Verlag, München

Zernick, S. (2013): Komm, wir machen Yoga. Südwest-Verlag, München

Tipps:

Atemball: „Original Sphere Hoberman"

CD: Lex van Someren: AUM Mantras. Ayam Visionary Art Productions

Link-Tipps:

www.biologie-schule.de

www.kinder-tierlexikon.de

www.ulrike-hirsch.de

ww.kindernetz.de

www.medienwerkstatt-online.de

Kinderyogaausbildung Susanne Eichinger: www.yogakinder.de

Jederzeit optimal vorbereitet in den Unterricht?

»